ほんきの保育を 本気でめざす！

笑顔・素直・挑戦から生まれる 「信頼される保育者」

久米 隼 ／ 藤田利久 編著

花島慶子 ／ 原口政明 著

花伝社

ほんきの保育を本気でめざす！
──笑顔・素直・挑戦から生まれる「信頼される保育者」

目　次

第3部 本気の保育を実現する

序章 本気の保育をめざして

久米　隼[1]

1. 本気の保育をほんきで考える

「本気の保育」は、本書のタイトルであるとともに、著者メンバーの合言葉でもある。筆者が編者という立場をわきまえずに申し上げるならば、「本気」という2文字は、なにやら熱い思いが直接的で、やや「熱すぎる」かもしれない。だが何度も何度も検討を重ねてみたものの、これに代わる言葉を見つけることができなかった。

　子どもを取り巻く社会的な問題は複雑多岐にわたり、深刻化が懸念されているが、最前線である保育の現場では毎日さまざまな課題に直面している。その背景にあるのは、保育者の人材不足問題や制度的な課題、社会や子育て環境の変化など、保育を取り巻く状況は厳しさを増している。それらに加えて、複合的な要因が重なり、悪循環を生み出す「負のスパイラル」と呼ばれる昨今。さらには残念なことに不適切な保育といった、子どもへの人権意識や保育者自身の道徳観や倫理観に関する課題など、挙げ始めたら暇がない。ほんきで「本気の保育」を考えていくことが、今こそ必要なのではないだろうか。これが著者メンバーの「本気」に込めた思いである。

　本書は、本気の保育をめざすなかで、読者それぞれの「保育者論」を考えるテキストであるとともに、アンソロジーとしても読めるように工夫をした。保育を本気で考えるためにも、まず好きなところから読んでいただければと思う。

　あえて願いを書くならば、読後にご自身なりの「本気の保育」をほんきで考えていただければと思っている。本章をスタートに、コラムや特別対

1　（くめ・はやと） ➡ p. 172

談を含めて本気の保育を総勢12名のメンバーが本気でまとめていくことにするが、本書は保育の技術レベルを高めるノウハウやテクニックをまとめたいわゆるハウツー本ではない。保育者としてもっとも大事にしてほしい「スピリット」をまとめたものである。そのスピリットをご自身の「本気の保育」にどう活かすか、本書は「ヒント」となる本をめざした。

さて、「本気の保育」について思考を始めるにあたり、本章では「本気」とは何かといった前提を考えることからスタートしたい。

2. 本気とは何か

本気とはどういう意味なのであろうか。いくつかの辞書でひくと、「まじめな気持ち。真剣な気持ち。また、そのさま」（デジタル大辞林）、「まじめな心。冗談や遊びではない真剣な気持ち。また、そのような気持ちで取り組むさま」（『広辞苑』）などがあげられる。いずれも「まじめ」や「真剣さ」を表す言葉であることは一致している。

本気の「本」という文字は、元々は木の根や根の近くを指しており、そこから「物事の根本・基本」という意味をもつようになった（山口 2008: 957）。本気の「気」という文字は、以前は「氣」と書くのが正式であった。気と米を合わせてつくられた「氣」は、米を蒸すときにでる立ち上がる蒸気を示していたともいわれている。

ここで伝えたいことは、保育者のもつ「根っこ（＝本）」から保育へ向き合おうとする「気（氣）」は、「米」という字の形のように、四方八方へ蒸気が広がるように伝わっていくということである。

保育現場で、何気なく遊んでいる子ども。子どもにとって「遊ぶ」ことは、常に本気の挑戦であり、冒険である。「食べる」ことにも「寝る」ことにも手を抜かない。うまく口に入らなくても一所懸命に食べようとし、寝るときには時や場所を問わずぐっすり寝ることもある。このように本気で物事に取り組み、全力で今を生きるのが「子ども」なのだ。

その「子ども」に保育者が「本気」で向き合うことができるか、「全力」で取り組むことができるかは、保育者としてもっとも大切な要素である。

幼児教育の祖として、我が国の保育にも大きく影響を与えたフリードリヒ・フレーベル（Friedrich Wilhelm August Fröbel, 1782-1852）は、「いざ、我らが子どもたちに生きようではないか！（Kommt, lasst uns unsern Kindern leben!)」という有名な言葉を後世に残した。この解釈はさまざまであるが、「子どもたち『に』生きようではないか」という表現は、私たちはまず子どもから学び、子どもを理解すべきであること。ひいては子どもを主体とする姿勢を示しているとも読み解くことができる。

　そのために保育者は、子どもと「本気」で向き合わなければならない。保育者と子どもである前に、「人」と「人」なのである。互いに気持ちが向き合わない限りは、それ以上の関係性はつくることができないだろう。特に、子どもは素直に感じ取る力をもっている。本気で向き合っていない大人を、子どもはすぐに見透かすだろう。

　また、子どもにとって保育者は人間としてのモデルであり、目標であることも忘れてはいけない。「見てくれている」「助けてくれる」「一緒に遊んでくれる」という子どもの気持ちが、子どもとの信頼関係や子ども自身の安心感を築くことにつながるのはもちろんであるが、そこに欠かせないのは、子どもたちを見つめるという心からの気持ちだろう。

　このように伝えると、何でもすべて、保育のことは「全力」でやらなければならないように感じてしまうかもしれないが、そうではない。長澤（1998: 71）は「保育者が鋳型にはめてつくられたような人」ではなく個性を生かすことも望ましい保育者像にあげている。すなわち、保育者として元気いっぱいに、子どもの「遊ぶ」と向き合うこともあれば、「静か」に様子を見守るときもある。ときには「見守る」ことも大切である。保育者として欠かせないのは、見守るときでも「子どもを信じる」こと、「そっと手を差し伸べられるほどよい距離感」をもち、そして「子どもが挑戦できる安心感」を与えることである。子どもを放置しているのではなく、保育者から放たれる本気の「氣」が、子どもたちに伝わっていることが成長には欠かせない。

　日本の保育を牽引し「日本のフレーベル」ともよばれている倉橋惣三（1882-1955）について研究している石川は、倉橋の教師論を考察する形で、

「子どもと純真な人間味ある交渉をもつ力」の重要性から、「型にはまった、紋切り型の作用だけができるようになって人間味がだんだん出せなくなる」ことを警告している（石川 2005: 49）。

　子どもと直接ふれあいながら自身の保育者論を構築していった倉橋らしい表現かもしれないが、技能の高さではなく「保育の情熱と細やかな感性をもった、人間味ある先生」（石川 2005: 49）という保育者像は、半世紀以上たった今にも通じるものがあるのではないだろうか。

　一人ひとりが理想とする保育者像が違えば、子どもたちに伝えたいこともさまざまだろう。特に新人保育者の場合は、保育者として技能・技術面は十分ではないかもしれない。しかし、子どもへ「本気」で向き合う姿勢と、保育に「全力」で取り組むことは子どもにも親にもしっかり伝わる。そのことを忘れてはならないだろう。

3. 本気で向き合うことで伝わる

　とある保育所に訪問した際、一際目をひく保育者（A先生）がいた。A先生の近くにいる子どもたちは、とりわけイキイキと楽しそうに笑いながら遊んでいる。

　A先生が何をしていたかといえば、フレーベルの言葉を借りるならば、まさに「子どもに生きよう」としていた。自らの世界（＝保育者が考えているプログラム）へ子どもを招き入れるのではなく、子どもの世界へ飛び込み、子どもとともに遊びをしながら、保育を展開しようと努めていたのである。

　佐伯（2003: 12）は、すぐれた教師（先生）をめざすために「なによりもまず子どもたちと徹底的につきあう」ことの重要性を示したうえで、子どもたちに「好かれる」ことで「子どもたちと『一体感』をつくりあげ、信頼されるようにならねばならない」と断言している。

　A先生は、子どもと徹底的に向き合うことで、子どもに好かれ、子どもが先生に信頼を寄せていたからこそ、一際目をひいていたのだろう。

　その活躍ぶりは、他の先生からも評価されていた。こちらから聞いたわ

けではないが、A先生の上司にあたる園長先生と話をするなかで、A先生の保育の姿勢が高く評価されていることがわかった。園長先生によると保護者からの信頼も厚いということであった。

本書が伝えたい「本気」で向き合い、「全力」で取り組む姿勢が、まさに子どもたちへはもちろん、保護者や一緒に働く同僚保育者と、四方八方に蒸気のように広がり、伝わっていたのである。

4. 本気になったことはありますか

保育者をめざして学んでいる学生の皆さんにとって、授業や学校行事、イベントなど、「本気」になれる機会や「全力」で取り組むチャンスはいくらでもある。小さなことでもよいし、全部でなくともよいので、チャレンジしてみるのはいかがだろうか。

例えば多くの幼稚園等で取り入れられている行事に運動会があるが、先生が生半可な応援をしているようでは、子どもたちは「力いっぱい頑張ろう！」という気にはなれない。先生も力いっぱい応援することで、嬉しい気持ちも、悔しい気持ちも、子どもと真の意味で心と心が通じ、共感できるのである。

運動会でなくとも他の行事やイベントでも構わない。学生であれば学園祭でもよいだろう。自分が「心の底から頑張った」という経験は、保育者を志す者として大きな成長の一歩である。

ちなみに、本書はカバーをはじめ、随所に挿絵のイラストを盛り込んでいる。これらのイラストは、すべて保育所や幼稚園に通う子どもたちが描いてくれたものである。

特にカバーは、子どもたちが大好きな「先生」が描かれている。その先生は、いつも笑顔で子どもに対してはもちろんのこと、保護者などにも全力で素直に向き合い、何事にも挑戦しようとする本気な姿勢もあって、信頼も厚く、慕われている存在でもある。

そんな先生の姿が、子どもたちにはこのイラストのように映っているのである。本気の保育をほんきでめざし、全力で向き合う先生のイメージが

伝わるだろうか。

5.「本気」をさらに学ぶ

　本章では「本気」について概説をしたが、以降の章では、異なるバックグラウンドをもつ、多方面で活躍されているメンバーに執筆いただいた。その多様な視点から、「本気の保育」をほんきで学んでほしい。

　特に新人の保育者にとって、今すぐには理想の保育ができないかもしれない。学生の皆さんにとっても考えることと、実際は違うかもしれない。けれども私たちにできる最大限のことは、努力してみようという意気込みで挑むことではないだろうか。そして、その「本気」はきっと伝わるだろうし、「全力」で取り組むことで理想とする保育の実現に着実に近づいていくだろう。

　お気づきの方も多いかもしれないが、本書ではあえて本気を「ほんき」とひらがなで表記しているところもある。これは変換を忘れたのではなく、子どもの側にたったときの「ほんき」を考えてほしいとの願いを込めている。

　さぁ、「本気の保育」を、一緒にほんきで考えていきましょう。

【引用＆参考文献】

石川昭義「倉橋惣三の教師論から学ぶ」『子どもを見る変化を見つける保育［新版］保育原理入門』ミネルヴァ書房、2005 年。

佐伯胖『「学び」を問いつづけて』小学館、2003 年。

長澤邦子「保育者」『保育学概論』一藝社、1998 年。

山口佳紀編『暮らしのことば新語源辞典』講談社、2008 年。

第1部

これから求められていく保育者と
保育者養成の在り方

第1章　新しい時代に求められる保育

——特別対談「汐見稔幸先生×豊永せつ子先生」から考える

花島慶子・久米　隼 [1]

1. 特別対談のきっかけ

　埼玉県県北地域で唯一の保育者養成を担う短期大学である埼玉純真短期大学は、1983年に埼玉県羽生市に開学し、以降今日まで40年にわたって多くの人材を輩出してきました。

　これを記念し、2023年6月22日「埼玉純真短期大学創立40周年式典」および記念事業が催され、汐見稔幸 [2] 先生（一般社団法人全国保育士養成協議会会長）と豊永せつ子 [3] 先生（社会福祉法人五豊会理事長・学校法人純真学園前理事）による対談が、「新しい時代に求められる保育」をテーマに行われました。

　このお二方による貴重な対談から、「新しい時代に求められる保育」を考えていくことにします。

2. 特別対談——汐見稔幸先生×豊永せつ子先生

「新しい時代」とは何か

汐見　今日のテーマは「新しい時代に求められる保育」ですが、この「新しい時代」という言葉が一体何を指しているのか。

1　（はなしま・けいこ）・（くめ・はやと）➡ p. 172
2　（しおみ・としゆき）東京大学名誉教授、前白梅学園大学・同短期大学学長。元東京大学教育学部附属中等教育学校校長。一般社団法人全国保育士養成協議会会長。
3　（とよなが・せつこ）社会福祉法人五豊会理事・園長を経て、現在は同法人理事長。元学校法人純真学園（埼玉純真短期大学設置法人）理事。

保育の世界では、これまで20年以上、待機児童問題をいかに解決するかということが一番の問題でした。とにかく保育園を利用したいという人がどんどん増えて、数が足りなくなった。これは、単に定員80人のところを100人にすれば解決する問題でもなく、各自治体は工夫と対応に追われてきたわけです。

　ところが、近年では子どもの人数が急激に減ってきた。私はいわゆる団塊世代ですが、当時の出生数約270万人と比べると、現在では約77万人（2022年）と、3分の1以下ですよね。したがって、とにかく待機児童問題をどうにか解決する、ということが保育についての第一のテーマではなくなった時代だと言えます。いっぽうで、保育において何が一番大事なのかが明確に決まっているわけではない。つまり今後は、保育の中身についての関心がもっと増えていく時代が始まるのだと思います。

　そして、今年（2023年）4月には「こども家庭庁」ができました。これに並行して、「こども基本法」という法律もできています。すなわち、行政のうち子どもに関する領域に、新しいバックボーンができたということです。今は「異次元の少子化対策」を謳って子どもへの投資を増やしていくと言われていますが、他にもさまざまなことが取り組まれると思います。

　私たちは国民として、「こども家庭庁にはぜひこんなことをやってほしい」と、声を上げていくべき立場です。そういう意味でも、子どものことについて議論する場がこれまでより広がったと考えられます。そんな時代に、保育者は何をするのか、あるいは保育士養成の場はどうあるべきか。あらためてそれが問われています。

　今日は、福岡県大野城市を拠点に、訪れるたびに「こんな園を創っておられるのか」と感動するような保育園を運営されておられる、豊永せつ子先生との対談です。まずは豊永先生に、子どもたちと接するなかで、これからの保育において何が大事だと考えておられるかお話いただき、それを受けて今日のテーマに迫っていきたいと思います。

豊永　皆さんこんにちは。今日は私が保育を実践している実際の現場の様子もお見せしながら、これからの保育について投げかけたいと思います。

　私の両親は児童福祉施設をしていたので、私もそこの子どもたちと育っ

写真1　園庭の様子

写真2　季節の花々が咲いている

てきました。そういう経緯があって、福祉の道を一生の仕事として選びました。今日ご紹介するのぞみ愛児園は設立から48年目となりましたが、そこで何を大事にして自分の人生の花を咲かせようと努力してきたのか、そんなことからお話します。

　のぞみ愛児園は、「子どもの心に喜びの種をまこうよ」を合言葉に開設されました。子どもたちが長時間過ごす保育園は、子どもにとって生活の場でもあり、また教育の場でもあります。当初、いつの日かこの木の下で子どもたちが楽しく遊んでほしいと願って家から色々な苗木を持ってきて植えたものが、今は大きく育っています（写真1）。

　園庭には季節の草花もたくさん植えています（写真2）。日本ほど、四季の変化が大きい国はありませんよね。子どもたちには、その美しさに誇りを思ってほしいと思っています。ASEANなどの国際会議に出席した後には、たくさんの海外の大臣たちが私たちの園に視察に来るわけですが、その際には「日本は箱庭だ」「どこを見ても絵になる」と言っていただきました。

子どもの「発見」を大切に

豊永　さて、「これからの保育」が今日のテーマですね。集団で遊んでいる場合に、こうしたお庭で一人ぼっちでポツンとしている子どもがいたとして、これまではつい「何してるの」と声をかけて集団のなかに入れようとしてきたと思うんですね。ところが、子どもたちをよく観察していると、例えば、水の流れに舞い落ちた木の葉が一か所に集まっている様子を見つ

けていることがわかる。そうした子どもにとっての不思議さを、私たちはつい見逃してしまう。今、子どもは何に興味をもち、関心をもち、何に気がついたのか。そこを見るような保育に変えていかなきゃいけないと思っています。

例えばこれから昼食の時間だというときに、子どもがこだわりをもって同じ大きさ、同じ色の石を集めて一人遊びをしていたとして、クラスの先生は「今からごはんの時間よ」と声をかけてしまいがちなんですが、そこで「何を見つけたんだろうね、皆も行ってみよう」と声をかけて、集団を一人のところへもっていく。そして皆で、その子の見つけた喜びを共有する。今の保育のなかで「集団を巻き込んでいく」という時に、そうしたやり方が大事だと思います。

子どもが何かに興味をもち、気づきを得ている光景というのは、よく見ているとどこにでもあるんですね。何かを発見した際、その見え方が一人ひとり違うのだということを、保育のなかでもっと大事にしてほしいと思うわけです。例えば、空を見上げた保育士が「わー、きれいな空。白い雲がきれいね」と言うと、子どもたちはその先生の穏やかな声や優しい眼差しを感じ、心が温かくなる体験をする。子どもがそうした感性豊かな人と、保育のなかで出会えたかどうかということも大事です。ですから、先生方にはもっと勇気をだして、感性豊かな言葉を子どもたちの前で使ってほしいなと思っています。

私たちの園の朝の朝礼では、日本のニュース、世界のニュースについて話し、子どもたちには家庭の様子について一人ひとり聞きます。子どもたちはここで、例えば「朝ご飯を食べさせてもらっていません」とか——本当はその子が起きるのが遅かっただけなのですが——そういうことを話したりします。これも、子どもたちに自分の気持ちを人前で表現できるようになってほしいと思っての取り組みです。

子どもが見える園

豊永　私たちの園では、子どもたちを十分見るために担当制を採用しています。給食係、トイレ係など細かなものですが、一人の先生が少人数を降

写真3　事務室　　　　　　　　写真4　プレイルーム

園まで責任をもって見る、そして何時何分にどの子が何をしていたのか答えられる。そうした観察の体制を大事にしています。毎日保育士が変わるのではなく、お昼の保護者になるという意識です。例えば生き物が大好きな先生は、子どもたちを園庭に連れて行っては亀とお話する時間を作っています。

　また、園の玄関には1日のスケジュールを書いておいて、その生活の様子がどうだったということを書き添えたり、写真を掲示したりしています。親もそれを見て、こんな風に遊んだんだね、公園に行ったんだね、と目で確認ができて安心するわけです。

　写真（写真3）は事務室です。色々な園へ行きますが、事務室が倉庫のようになっているところもあれば、きれいにされているところもある。その日、園の各所で保育をしていた職員が寄りやすい温かさが必要だと思います。この写真では、帰り間際の先生たちが保育談義をしていますね。

　ひきつづき園内の様子として、プレイルームもお見せします（写真4）。子どもたちの発達を促す教材や遊具を、子どもの手の届くところに置いてあります。おもちゃが高い棚に置いてあって、遊ぶ時に先生が脚立に乗って取り出して「はい遊びなさい」とばらばらと置くような、他の園ではそうした光景も見たことがありますが、おもちゃは子どもの手の届くところに置いて、今自分が選びたいものは何か考え、自己決定できることが大事だと思います。

写真5　園庭の草花

写真6　地域の方からの差し入れ

自分で決める「遊び」

豊永　そしてもっと大事なのは、選んだおもちゃを使ってどこで遊ぶかという場所の設定です。そこまで含めて子ども自身が決めることのできるお部屋づくりが、日本保育の課題の一つだと思います。

　子どもたちのお気に入りのおもちゃの一つがLaQ（ラキュー）[4] です。これを使って、思い思いの人形なんかを作るんですが、それを並べた時に自分の作品がどれかということが、皆わかります。人と違ったものを、勇気を出して作ることができる、そのことを喜んでほしいと思っています。

　同じく1歳から2歳の教材として、「ペットボトルぽたん」というおもちゃがあります。ペットボトルのキャップに布を張ったもので、同じ色柄のものを並べたり、集めたりして遊びます。例えば砂時計も人気ですが、こうした身近にあるものでも、かごに入れて置いておくと、子どもたちは遊んだ後にきちんとそこへ片づける。ちゃんと教材になります。

　一方で、おもちゃの数が揃っていないとやはり喧嘩になりますよね。特に1、2歳のうちは、まだ遊びが待てないので、6人いれば6個同じおもちゃがある状態が理想だと思います。

　写真のように、園庭の草花も、子どもたちの身近なところに置いています（写真5）。葉っぱ一つにも色々な葉っぱがあるということを子どもたちに見せて、気づいてほしい。あるいは、地域の方がスイカをくださった

4　日本生まれのブロック玩具。7つのパーツを組み合わせて平面や立体など様々な形を作ることができる。

というときにも、なるべく子どもたちの見えるところに置いておいて、ふれて、匂ってもらって、それから味わえたらいいなと（写真6）。そうやって関心をもたせています。

遊びを通した仲間づくり

豊永　どの園でも夏には蝉取りの遊びをすると思います。ともすれば、「また蝉取りの季節が来たね」で終わってしまうところですが、これも子どもたちの動きを観察していると、まずはグループのなかで一番耳のいい子が「あっちから音が聞こえる」と指をさす。そして、木のところに行くと、今度は目のいい子が「あそこにいる」と指をさす。次に、元気のいい子がそれを捕まえるわけです。

そんなとき、蝉にさわれる子どもばかりではありませんよね。そこで、リーダー格の子が蝉をもつと、蝉は「ぎゅっ」と声を出して鳴く。それを、虫カゴをぶら下げた3歳や4歳の子が腰だけ前にだす。

私はその後の光景を見てびっくりしたのですが、蝉を虫カゴに入れるまでの間、手の空いている子が次々にカゴの口に手をかざすんです。「逃げた時には自分たちの手が押さえるぞ！」と。

そういうことを合図もなしにやっていて、こういうグループを自分たちで作ることができるのだ、頼もしいなと思いました。こうしたところまで、保育士には遊びを観察してほしいですね。

あるいは、男の子と女の子がおままごとをして遊ぶ一場面。今年の光景ですが、「貸して」と言う男の子に、女の子が「これはお母さんごっこだから男はなれないよ」と言う。「ずるい」と男の子が言うと、「だめだめ、女だけだもんね」。女と男を分けたいんで

写真7　色合わせをする子ども

すね。そんな言葉のやりとりを楽しむ姿がありました。

　写真（写真7）は秋の光景ですが、2歳になると「おんなじ」を喜びますよね。同じ種類の葉っぱ同士を合体させたり、合わせたりして、葉っぱを通して仲間づくりを学んでいるところです。この子は、私も「ここまでできるのか」と思いましたが、別の種類の葉っぱの、尖っているところ同士を重ねて色合わせを楽しんでいます。日本は色の少ない国だと言われますが、こうした遊びにゆっくり時間をかけると違ってくるのかなと思います。

　このように仲間を学んで、そして少し大きくなると、お友達が何かしている、できるようになっているのを見ながら、自分もああなりたいと努力してみるようになる。そこにも集団の頼もしさがありますね。一緒に何かしたいという仲間ができると、落ち葉遊びでも方法が変わってきます。そうしたことをもっと観察していただいて、子どもに今、何が育っているのかを感じてほしいと思います。

地域とつながる

豊永　次に、子どもたちと地域、社会とのさまざまなふれあいについてみていきます。

　まずは、園の看護師の先生。どの園にもいらっしゃるかどうかわかりませんが、聴診器を使って子どもたちにその子自身の心音を聞かせて、生きているということや体のことについてお話してくださいます。

　写真は、声優の方をお招きして絵本を読んでもらっているところです（写真8）。子どもは映像ではなく声優の方ばかり見ている、という光景。先生が絵本を映像に撮っておいて、それから絵本を読んであげる工夫をすると、本を読む感覚が変わるかもしれませ

写真8　声優を招いての読み聞かせ

写真9　寝ない子のケア

んね。声優の方以外にも、日本の文化を育む目的で、筑前琵琶を聞くなどの体験も惜しまずにやっています。

　地域から園への来訪者として、小中学生から高校生、実習生がいます。例えば小学生がおもちゃを作って持ってきてくれたり。あるいは、中学生が地域の美化運動として園の周りを掃除していたので、子どもたちも外に出してお手伝いをさせたり。高校生にもふれあいの場を提供していますが、そうした場を通して保育士をめざしてほしいなと思います。

　実習生には、必ず『しろいうさぎとくろいうさぎ』[5]という絵本を贈呈しています。そして、最後のページには全職員でサインをして、「現場で待ってるよ」「いっぱい勉強して、現場に来てね」「子どもたちが待ってるよ」とお伝えしています。

職員の輪

豊永　最後に、園での職員の輪について。現場では、何よりも職員の輪が大事です。一緒に食事をする場を作ったり、1年の終わりには職員だけのアルバムを作って皆さんに配ったりしています。

　どの園にも必ず一人はお昼寝の時間に寝ない子がいますよね。「手」の必要な子というのがいる。そういう場合に、その子だけに寄り添える、写真のような光景があるといいのかなと思います（写真9）。そして、周りの保育士が助け合って、「他の子見てるからいいよ」と声掛けをして職員の「和」をつくることが大事ではないかと思います。同じく、どうしても朝は機嫌が悪い、登園する気持になれない子も必ずいると思いますが、

5　ガース・ウィリアムズ文・絵『しろいうさぎとくろいうさぎ』まつおかきょうこ訳、福音館書店、1965年。

うちでは園長が朝早く来て、そうした子どもたちのケアにあたっています。

　快適で楽しい職場づくりとして、私が駄菓子屋さんを始めることもあります。儲けはありませんが、たとえば職員が日誌を書きながら遊び心を楽しめる、そんな場があるといいかなと思っています。

　以上、まとめますと、学校の先生でも他の先生でもない「保育士」になったのなら、やはり子どもの観察がとても大事だと思います。保育士の仕事は、子どもを師として学ぶことです。まずは今一人ひとりの子どもが何を求めているのか、何に興味や関心があるのかを観察していただければと思います。そして、一人ひとり違っていいんだよ、違うところがいいんだよ、という保育に変わっていくべきではないかと思っています。

「こだわり」に応える環境づくり

汐見　今日のお話を聞いた学生の皆さんには、ぜひ何をお考えになったかなど、議論していただければと思います。

　私のほうからは、今日のテーマである「新しい時代に求められる保育」という観点から、豊永先生のお話を整理し、また掘り下げていきたいと思います。

　今日のお話を伺いながら、豊永先生が描かれている今後のあるべき保育の姿について、いくつか原理があったようでした。その一つが、「園のなかに優れた文化がなければいけない」というものだったと思います。事務室の写真がありましたが、まるでカフェのように洗練されていました。園内の写真もよく見てみると、一つずつの調度品が、どこかの骨董屋さんで選び抜いてきたような、そういう品々が置いてある。あるいは、園内に飾ってある絵が、どれも大人も子どもも魅了するような「本物」で、こういう園はなかなかないと思います。

　そうした「こだわり」を大切にする環境があって初めて、子どもたちも「あ、これが面白い」と何かを見つけられて、そしてそのこだわりも大事にする観察が可能になるのだと思います。

　オギャーと生まれてきて保育園という世界に放り出された子どもたちは、そこがどういう世界なのかを必死に探ろうとするわけですよね。その時に、

そこが安心できる世界で、そして興味があるものに溢れていて、何か関心をもったら没頭させてくれる場所である。そうした条件が揃っていると、自分が生まれてきたこの世界っていい世界なんだなと感じることができるし、それが生きる力のベースになっていきます。

今日のお話のなかで、子どもたちが「おなじ」ということにすごく拘りをもって遊んでいる、そこに応える環境づくりをされているとおっしゃっていて感心しました。子どもが何かに凝りだした時に、先生がどのようにそれを受け止め、子どもたちに伝えるかというのは、その子の一生を決めるほど大事なことだと思います。

そうしたことはやはり、豊永さんが子どもたちの様子を見ていて発見されたことなんでしょうか。

豊永 子どもたちのなかから「おなじ」という言葉がたくさん聞かれるのを観察しながら、人との関係も、その「おなじ」を通して作っていくんだなということに気づきました。

子どものおもちゃを買う時、普通はなるべく同じものは重ねて買わないですよね。色々なものを与えよう、と。だけど、子どもたちは同じものを使って、違った遊びをしたがる。そのことにも気づきました。

汐見 大人から見たら「ちがう」ものでも、子どもは「おなじ」を探そうとするし、そう思いたいんじゃないか、そういう欲求や本能があるのではないかと思っています。

例えば、今は海外の人にたくさん日本に来てもらわないと経済が活性化しない時代ですが、そうすると、どうしても言葉や宗教、歴史、肌色……と違うことばかりが目につく。そして、なかなか心が打ち解けません。だけど、これを「おなじ」人間じゃないか、「おなじ」がいいな、と思えれば打ち解けていくんですよね。

子どもたちはそれがすごく上手にできる。インクルーシブ教育もこうした素地があってできるわけです。「おなじ」を発見する名人としての子どもから、大人こそ学ばなければなりませんね。

保育を通して文化を伝える

汐見　もう一つ、日本の四季を感じさせるための園庭づくりや保育というのも印象的でした。

　保育でも教育でも、「こんな海外の事例があるからうちもやってみよう」というきっかけから取り組みをスタートする側面がありますよね。もちろんそういう部分もあっていいんですが、それ以上に、自分たちが元々もっている優れた文化を、子どもたちに上手に伝えて味わってもらうことが大事なんじゃないかと思っています。ないものを持ってきて接ぎ木するばかりではなくて、あるものを磨いて原石を宝石にするような、そんな文化の伝え方、作り方。これは日本の保育、教育のなかで弱いところだと思います。

豊永　日本独自の文化のなかで育まれてきたものって、とても綺麗だなと思うんです。子どもたちにはそういうものを見てほしいし、ふれさせたいといつも思っています。

　例えば質のよい木から作られた、自然を感じるような日本の作品や家具、調度品なんかも、子どもたちは何回も撫でて、頬をつけて、感じています。

汐見　パリは石の文化だと言いますが、日本には木の文化がありますね。豊永さんが子どもたちの落ち葉遊びにふれられた時に、色のお話がありましたが、実は日本は世界でもっとも色を表す言葉が多いんですよね。もえぎ色だとか、浅草色だとか、そうした言葉が何百もある。その、少しの色の違いにもこだわって名前をつけるような、そうした感性が日本文化のベースにある。木の文化もそうですが、そうしたことを遊びのなかで学べるということを、頭に入れておこうと思いました。

「雲」で保育する

汐見　時間の制約がありますので、最後にもう一つ。今日、保育者の感性が大事だというお話のなかで、空を見上げた保育士がどんな言葉でそれを表現できるかという問いかけがありました。

　例えば皆さん、面白い形の雲が空に浮かんでいたとして、それをテーマに一日保育ができますか？

私だったら、まずは「じっくり雲を見てみよう」というところから始めて、見ていると雲の形が変わってくるよね、いま何々に変わった、とかそんな時間をもちます。

　そして部屋に戻ってから、今度はさっきの雲のなかにどんな動物がいただろうかと語り合う。それから、さっきの雲をどうにかして作ってみよう、じゃあ綿をもってくるね、という形で雲のアートを楽しむ。あるいは、皆雲になったつもりで劇をやってみようとか。そんなふうに、雲一つから様々な保育が考えられます。

　そこで何を思いつくかというのも、保育者の感性だと思います。たった一つの雲でも、一本の水の流れでも、それをテーマに一日保育ができる。そこから多くを感じ取って、子どもと共鳴し合うことができれば、子どもも面白いと感じる。

　自然でも、人間が作り出した文化でも、そこに「面白い」と感じる心の動きがあると、保育が始まる。これは別の言い方をすると、アートの力であって、今後はアートの時代になるんじゃないかと思っています。

感性を育てる保育を

豊永　これまでは絵を描くといっても、とにかく写実的に描かれたものを「うまい」とする、そういった教育がありました。ですが、例えば雲を作品にするなら、何を使って表現したのか。新聞紙をびりびりに破ってみて、ここは空の部分で……とか、そうしたところに目を向けることが大事です。

　あるいは、図鑑をつかって雲の名前や種類を教えようとする前に、「きれいだね」とか「気持ちがいいね」と、まずは心からの言葉でそれを表現してみる。アート以前に言葉を使う。それも大事な感性だと思います。

汐見　今後、AI社会が到来します。今保育園に通っているようなお子さんが30代になる頃には、自動車を自分で運転する人はいなくなるかもしれません。あるいは料理ロボットができたりして、人間が面倒だと思っていることを全部機械が代わる社会が来るかもしれない。

　だけど、どれだけコンピュータがあらゆる世界に入り込むようになったとしても、コンピュータにはできないことが一つだけある。それが、感情

をもつということなんです。これは生物でなければできない。

　皆さんがどこか初めての場所を訪れたとして、まず「あら素敵なところね」といったことを、理屈で考える前に感じるはずです。あるいは「何かうるさい」だとか、「なぜか寂しい」だとか。そういうことをまず感じて、それから「それはなぜかしら」と考える。それが人間の情報処理の特徴です。

　ところがコンピュータはその感情がもてないので、AIに向かって「あの絵素敵じゃない？　私ああいう絵が好きなのよね」と言っても伝わらない。ある人は「なに、あの絵」と言うかもしれませんから。そういうものにコンピュータは太刀打ちできないわけです。

　つまり、感情を豊かにもって、それを個性的に表現できる人であればあるほど、コンピュータにはできないことを担えるということです。その力を育てるための保育環境というのを、今日豊永さんが示してくださった。私も、子どもたちの感情を豊かに耕していくような、そんな保育の形を意味づけ直してみたいと思います。

豊永　子どもたちが一所懸命に何かをするという時には必ず、それぞれの子どもに深い感性が芽生えているので、その取り組みや発想に対して「それは間違いだ」といったことは絶対に言わないようにしています。

　一人ひとりの個性を個性として認める、その努力を常にしています。

コラム　汐見先生と豊永先生の対談を拝聴して

藤田利久 [1]

新しい時代の保育

　保育は楽しく、やりがいがあるとともに、責任を伴う重要な仕事です。そのことを認識したうえで、この責任ある職業を選んだ皆さんは、子どもたちの成長を全面的にサポートしていくこととなります。

　近年、少子高齢化や高度情報化などの影響を受けて、社会のすべてが大きく変化しています。このような時代に保育者、そして保育者をめざす学生もその養成校も、これからの保育・教育はどのようにあるべきか、保育者は子どもや保護者にどのように接していけばよいのかを考え、迅速かつ的確に対応していかなければなりません。生活の場でもあり、教育の場でもある幼児教育施設は、まずはどのような子どもに成長させたいかを明確にし、次にそれに沿った保育・教育の内容をどのようなものとしていくかを考える必要があります。

五感を育てる環境を

　保育・幼児教育施設は、集団生活を通して家庭では体験できない人間関係や事物にふれ、保育者のサポートを受けながら、子ども自身が活動を通して成長発達に重要な多くの経験に出会う場でなければならないでしょう。この保育環境が子どもの一生を決定すると言っても過言ではありません。したがって、保育・幼児教育施設は、子どもが安心できる、興味をもって活動できる環境を整えた世界でなければならないと言えます。特に、子どもは感覚に優れていますので、周囲のものを見て、聴いて、感じて、ふれて、匂い、味わうことを通して五感をフルに使った体験ができるように整えておくことが重要となります。

　そのためにも、豊永先生がおっしゃる通り、保育者が遊びのすべてを準備したり指示したりするのではなく、子どもが興味や関心をもって活動できる環境を整えることが大切なのです。その環境で子ども自身が遊びを考えだし、活動できるように遊具や遊びの空間も子ども目線で配置し、自発的活動を促すことで子どもの自発性や自律性を養うことができるのでしょう。

　また、子どもは人的環境のなかで健全な成長と発達を遂げていくものですから、人間として必要な感性の豊かさを養うためにも、その感性をもっている人との出会いが重要

1　（ふじた・としひさ）　➡ p. 172

となります。そのためには園内の子ども同士の集団から保育者や地域の人々、そして高齢者とのふれあいの機会を設けることも重要と考えられます。豊永先生の保育園で実践されているとおりです。

　同時に、友達から離れて一人で物事に熱中する子どもを一人ぼっちと捉えるのではなく、一人で興味に向かって取り組んでいると理解し、保育者はその発見や喜びを周囲の子どもたちと共有できるようにしていく必要があります。

　このように、子ども一人ひとりの感じ方も考え方も行動の仕方も異なることを十分に理解しておくことは、保育者にとって重要なことです。子どもが一人遊びができるように教具や遊具は一定の数を揃え、置く場所も子どもの手が届くところへ配置し、遊びの空間も確保できるように、保育者は常に意識していなければならないでしょう。

子どもを植物のように育てなさい

　子どもは、喜びや発見を他人に伝えたいとの思いから、自身の気持ちを人前でも表現できるようになって、良好な人間関係を構築する術を学んでいきます。保育者はそのことを理解し、子ども一人ひとりを大切にして、遊び心をもち、感性豊かな優しい言葉かけを常に意識することが必要といえます。そして、保育者が遊び心を持つためには、保育者同士が互いに助け合う余裕をもつことが重要です。そこで、保育者間の輪（和）を大切にするといった保育者にとっても、楽しい職場であることが求められます。こうした点からも、保育者は子どもたちと接するなかでいろいろと学ぶことがありますので「保育者にとっての師は子どもたちである」といえるのでしょう。

　汐見先生は対談の締めくくりとして、現代のようにグローバル化が進み、ダイバーシティが叫ばれる世の中で、日本人としてのアイデンティティをもたせるためにも、繊細で感性豊かな日本文化を子どもたちに少しでも身につけさせてほしいとおっしゃいました。

　これからの時代、汐見先生の言葉は本当に重い意味をもつと受け止めています。グローバル化は加速度を増して進んでいきます。これにともないダイバーシティを容認できない社会や個人は存在できなくなります。大学でも「ふるさと学（地域学）」や「異文化理解」などの科目を配置し、日本人としてのアイデンティティを確立したうえで、コスモポリタンとして世界に貢献できる人を育てたいと考えています。

　また、「ヒトは人によって人となる」「人は環境によって育てられる」と言われますが、豊永先生が大切にしておられる人的、自然的、物的環境整備は、AI進展が言われる現代社会においてはいっそう重要な保育要件となります。以前、耳にした「子どもを植物のように育てなさい」という言葉をあらためて深く感じます。

第2部

本気の保育をめざして学ぶ

第2章　笑顔──柔らかに人として学ぶ

花島慶子[1]

1. 保育者である前に「私」である

　保育者を志す学生にもっとも伝えたいことは、保育者である前に人として歩む、「人的環境」としての「私」です。「これは大変」と思われる方もいるかと思いますが、自分自身もそして周囲の人に対しても、自分の生き方は少なからず影響を与えるということです。

　私はこの章のタイトルを「笑顔──柔らかに人として学ぶ」としました。常に穏やかな笑顔で子どもたちとともに過ごす保育者は、その存在そのものが環境なのです。時には笑顔を作らなければならない日もあるかもしれません。でも、子どもたちはそんな私たちの作り笑顔を察する力をもっていて、また、寄り添う力ももちあわせています。常に柔らかな笑顔をもちあわせることは大変なことでもありますが、自分に向き合い、今の自分を受け止めることから始めてみましょう。

　皆さんは子どもの頃、自分ができると感じると、周囲の大人に「危ないよ」と言われそうなことでもチャレンジした経験はありませんか。そして、1回目の挑戦がたとえ失敗でも、できるようになりたいと思ったことはチャレンジを繰り返し、気がつくとできなかった自分を乗り越えていたという体験をされた方も多いと思います。失敗は素敵な体験ができる過程なのかもしれません。失敗を楽しみながら次への期待を込めて子どもの姿を柔軟に受け止められる保育者になるために一緒に学び続けていきませんか。

1　（はなしま・けいこ）➡ p. 172

2. 保育は正解がないから楽しい

保育の意味

保育とはどのような意味なのでしょう。

広辞苑では「1.まもりそだてること。育成すること。2.幼児の心身の正常な発達を目的として、幼稚園・保育所・託児所などで行われる養護を含んだ教育作用」。国語辞典では「乳幼児を保護し育てること」とされています。

広辞苑や国語辞典は、社会一般的な常識のなかに保育を位置づけていることがわかります。しかし実際の「保育」は、幼稚園では幼稚園教育要領、保育所では保育所保育指針、認定こども園では認定こども園教育・保育要領に基づき、各園の方針や地域の実情を加味したうえで運営がなされていきます。

昨今、保育業界を取り巻く問題は多岐にわたっており、これからの保育について各施設で課題に向き合い、改善に向き合う必要を感じます。ここで、その担い手となる保育者をめざす学生の皆さんに心に留めておいていただきたいのは、「保育に正解はない」ということです。各施設が置かれている実情は、地域によっても違いますし、施設の方針によっても異なっています。

しかし一方で「よい保育」に正解はないものの、保育者として、そして各保育施設として、やってはいけないと判断させることは明らかです。だからこそ、各施設でやってはいけないことを明確にして判断することが今まさに必要であると考えます。

各施設がそれぞれの「保育の正解」に近づくためには、法令に沿って運営できているのか、社会の実情に応じて改定されている幼稚園教育要領や保育所保育指針、認定こども園教育・保育要領を元に積極的に見直し、保育を改善する必要があるのではないかと思います。ぜひ、学生時代に学びを深め、現在求められている保育、そして保育の現実を理解したうえで、資格取得に向けて保育とは何かを研究していただきたいと思います。

矛盾するようですが、正解がないからこそ、社会の変化に向き合い、その時々にどのような保育が求められているのか、研究し続けてほしいと思います。そして、時代に即した保育を念頭に置きながらも、保育を行う施設の根底にある、育てたい子どもの姿を明確にし、それぞれの方針を理解したうえで保育に向き合える人材として、自らを育んでいただきたいと思います。

環境としての保育者

　環境を通した保育の重要性は、皆さんご承知の通りです。環境には物的環境・人的環境・自然環境・社会環境などがありますが、なかでもすべてにかかわりをもつのが人的環境です。

　昨今、「不適切な保育」という言葉や保育士の虐待などが数多く聞かれるようになりました。子どもたちと生活をともにするなかで、自らが発する言動が不適切であるか、虐待に当たる行為ではないのかと振り返ることの大切さを忘れてしまっている保育者がいることは、大変悲しいことだと感じます。

　生まれたばかりの子どもでも、その子には意思があります。一人の人間としての尊厳をもっています。子どもは大人の所有物ではありません。子どもが好き、子どもがかわいいと感じて保育者になった方々が、そのことを根底に保育の専門職として子どもたちに寄り添うのであれば、不適切と思われるような保育を行い、虐待と称される行為に及ぶことは考えにくいことなのです。

　しかし、保育を続けるなかで、いつしか保育者のポジションは子どもたちのはるか頭上にあるものだとして、保育者の言うことを聞かせる保育を行うのであれば、それは大きな勘違いであり、何事も自らが正さなければ解決しない虐待へとつながるのではないでしょうか。

　保育は専門的知識に則り、各家庭から預かった、未来を担う子どもたちが成長発達を遂げるための、大切な歩みです。保育施設とは、子どもは心身の成長発達を、そして、保育者自身は保育の専門職としてのスキルアップを、それぞれめざし、そのための時間を過ごす場です。

皆さんが強い口調で育て、人間としての尊厳を奪った子どもが将来大人になったとき、どのような社会になるのでしょう。子どもたちとともに過ごした保育者は年老いて、やがてその子どもたちの世話になります。不適切な保育や虐待で育てられた子どもは、年老いた人々に、虐待などの不適切なかかわり方をするのではないでしょうか。物事の解決の方法を、大人の姿からそのように学んでしまったのですから、仕方のないことです。

　皆さんが楽しい老後を過ごし、安心できる介護を受けたいのであれば、保育者としてまずは目の前の子どもたちに、安心安全な環境を整えてあげましょう。そして、子どもたち自身が自ら考え行動し、生きる力を育む保育を大切にしていきましょう。その上で、もし仲間の保育者が子どもの尊厳を無視し、自らに都合のよい保育を行う姿を見かけたら、チームで解決していく勇気をもってください。

　自分のしたことは、必ず自分に返ってきます。さあ皆さん、未来の自分はどうありたいか、考えてみてください。

保育者は子どもとともに成長する

　実は、目の前にいる子どもたちこそ保育者の「先生」です。

　子どもの行動には、すべて意味があります。皆さんはその意味を正確に当てることができますか。例えば、目の前の子どもが泣くことを我慢しています。目からは今にも涙がこぼれてきそうです。それでも必死に何かを我慢している姿が見て取れます。そうした状況にある子どもに、周囲の大人が勝手な判断で「泣かないの」と言えるでしょうか。

　その子の心のなかには、その子にしかわからない思いがあります。大人が勝手に判断して対応してしまうと、その子の葛藤が、その子の想いが、その子の成長が、止められてしまうこともあるのです。そんなときは、傍でじっと見守り、落ち着いたらそっと話を聞いてあげてください。ゆったりとした雰囲気のなかで、子どもの言葉に耳を傾けるとき、きっと、私たちが想像もしなかった場面に子どもが向き合う姿や、その子自身の考えが明らかになることでしょう。その時間こそが、見守り寄り添った保育者のスキルアップにつながるのではないでしょうか。

子どもの成長は大人の成長です。子どもたちと生活をともにすることで、実は私たち大人が成長させてもらっているのです。子どもたちの行動の「なぜ」を知ることこそ、保育者としての質の向上につながるのではないかと思います。子どもは、大切な時間を共有できる仲間なのです。

3.「夢の保育者」への道

保育の世界に、たくさんの憧れと夢をもって臨まれる学生も多いことと思います。私は、幼稚園教諭と保育士資格を取得後、子どもの世界に足を踏み入れて40数年。保育の大変さや厳しさを味わうと同時に、どのようなフィールドにおいても、子どもたちのパワーに刺激をもらってきました。子どもたちの成長とともに自らの成長を感じる、保育という素晴らしい世界で過ごせていることを、今なお幸せに思っています。

私にとっての「夢の保育者」とは、一人ひとりの子どもの未来をイメージし、保育者として輝き、保育を常に研究し続けている人です。そして、保育者である前に、一人の人間として歩み続けられる人です。

私の「夢の保育者」の姿はどんどん進化を遂げ、なかなか近づけないのが現状ですが、少しでも近づきたいと思い、その時々の子どもたちの姿を傍で体感できる機会を大切にしていきたいと思います。

「夢の保育者」に近づく第一歩は、自らを高める努力を忘れないこと、そして自らを振り返り、自らを信じることです。

保育の世界は「好き」だけでは歩み続けられないとは思いますが、好きでなければ歩めない道です。さあ、皆さんも「夢の保育者」探しをしてみましょう。

保育者への憧れ

幼稚園、保育所、施設、と実習を重ねると、たくさんの先輩保育士と出会います。

保育者をめざす学生のなかには、幼少期にお世話になった先生、中学校での職場体験で出会った先生、兄弟の送迎で出会った先生など、身近な保

育者への憧れから、自らの目標を定めた方も多いことと思います。そこには、明るく元気に、そして優しく子どもたちと接する保育者の姿があったのではないでしょうか。もちろん、日々の生活のなかで、周囲から保育者に向いていると言われた方もいることでしょう。

いずれにしても、皆さんは憧れの保育者となるために、保育士養成校に入学し、2〜4年間の学びを経て、社会への一歩を踏み出すわけです。

学生にめざす保育士像を尋ねると、多くの場合、「信頼される保育者」が一番に挙がります。園児からも保護者からも、また保育者間においても信頼されることは大切です。

では、信頼されるということはどのようなことを指しているのでしょうか。国語辞典では、「信頼」とは「信じて頼りにすること。頼りになると信じること。またその気持ちのこと」と述べられています。信じて頼りにされることが信頼されることであるならば、まずは自らの力を信じ、自らの想いを信じ、夢を叶えるために自らと向き合いましょう。

時には壁が立ちはだかることもあるでしょう。羽が生えて飛べるかの如く高い壁を飛び越えられることもあるし、どう頑張っても壁が立ちはだかり、押し返されてしまうこともあるでしょう。その時こそ、自らを信じ、丁寧な歩みを続けながら、時が来るのを待ってはいかがでしょうか。一歩一歩じっくりと前進することで、基礎ができ、多少の向かい風なら立ち向かえる地固めができることと思います。その忍耐力も、信頼される保育者になるための大切な時間であると思います。

先輩……もっと丁寧に優しく教えて下さい

実習を行う施設では、日々たくさんの先輩保育者が子どもたちと生活をしています。保育者になるための実習では、子どもの遊びや発達段階、そして子どもの興味関心や個性を近くで感じ取ると同時に、保育者の業務内容も体験することとなります。

実習を終了した学生たちがよく口にする言葉に、「先生に質問するタイミングがわからなかった」「とても強い口調での指導があった」「質問するのがとても怖かった」「もっと丁寧に優しく教えてほしい」といったもの

があります。

　ここで、少し考えてみてください。保育中の保育者が一番に寄り添っているのは誰でしょうか。今日は実習生がクラスに入っているからと、実習生ばかりに視線を向けているでしょうか。

　私の経験上、保育中の保育者は、常に子どもたちにとって安心・安全な居場所を整え、子どもたちの興味や関心などを受け止めるために全身全霊を尽くしています。クラス内が落ち着き、子どもたちが集中して遊びを楽しんでいる姿を見守ることのできる状況が整って初めて、実習生にも視線を向けられるのではないでしょうか。

　実習中は緊張もするし、どのように動いてよいのかわからずに居場所を見つけられないときも多いと思います。実習先の先生の目に、実習生が入っていないのかもしれないと不安に思うこともあるでしょう。でも、先輩の保育者も実習を経験しています。実習生がいることを忘れているわけではありません。

　ぜひ、入らせていただいたクラスの状況を判断し、質問はメモに残し、保育に余裕がある時間帯を伺った上で、質問をしてください。その時間には、保育者からの説明が理解できるまで質問を繰り返し、一度理解した内容はその時から実践してみましょう。その際に、質問に対する回答を「わかったつもり」では何も解決しません。先輩保育者の想いを受け止めるためには、「つもり」ではなく、意図を理解することを心がけましょう。

環境整備と気づきの関係

　皆さんは、足下に紙の切れ端やクリップや輪ゴムが落ちていたらどうしますか。落ちている品物を確認したうえで、拾ったり、捨てたり、片づけたり、通り過ぎたり、あるいは、落ちていることに気がつかずにいることも多いのではないでしょうか。

　実習を終えた学生から、実習中に保育室内外の清掃ばかりさせられたという声がよく聞かれます。いっぽう実習先の保育者からは、学生が記入する実習日誌のうち、その日の「気づき」の欄が記入できていないという指導を多くいただきます。

長年保育の世界で過ごしてきた私は、この保育室内外の環境整備と「気づき」には相互作用があると感じています。

　子どもたちが安心・安全に、そして清潔な環境のなかで生活できるよう自らが心を込めて清掃した室内に、先に挙げたようなごみが落ちていたら、必ずや気がついて拾いに行くことでしょう。そうして日々清掃を心がけることで、もう少し使用しやすい環境に、清掃しやすい環境にするために何か方法はないものかと考えるようになります。この小さな変化への気づきの芽から、子どもたちの小さな変化に気づく目が育っていくように思います。

　子どもとのかかわりに苦手意識をもっていた新人保育士Bさんに、清掃のプロをめざしてもらったことがありました。室内外はいつもピカピカで、窓ガラスも曇り一つありません。そうして快適な室内になったある日のこと、そのB保育士が朝の集まりの後に私の傍に来て、「Aちゃんの顔色がいつもと違います」と伝えてくれました。さっそく、私はAちゃんの傍に行き様子を見ました。そして声をかけると、「お腹が痛い」と話してくれました。

　清掃のプロになるために保育者になったのではないと思っていたB保育士でしたが、その日以来、子どもたちの変化に気づくことが増え、他の保育者からも保育の手助けへの声がかかり始めました。さらに、B保育士は率先して室内環境を整え、周囲を見渡し環境を整える楽しさを味わったようでした。

記録（日誌）が上手に書けるようになりたい

　記録が上手に書けるようになりたい。保育士養成校時代に、誰もが一度は向き合うことではないかと思います。私も数十年前に実習日誌を記入し、その大変さに苦労した思い出があります。

　時系列形式であることは今も変わらないようですが、令和になった頃から、その書式には少しずつ変化が見られます。また今後も十分な検討と改善の必要性があると感じますが、今回は書式についてではなく、なぜ日誌が上手に書けないのか考えてみることとします。

理由の一つとして、読み手を意識していないことが挙げられます。

　実習生は少ないメモと記憶を頼りに子どもの姿を思い出し、日誌に記入していきます。このとき、記入している本人はその場面のイメージをもって記入していきますが、読み手は違います。「どの」場面のことなのか、「いつ」のことなのか、それは「誰」が感じたことなのかなど、重要な情報がなければ、何について記録しているのかがイメージできません。

　そこで大切なのが、読み手を意識して、記録として残したい場面をより具体的に描いていくことです。この時に意識する点が「5W1H」です。

　エピソード記録を描くときは、まず誰が読んでもその場面をイメージできるよう5W1Hの情報を入れ、さらにそこに、非言語情報をプラスして描くことを心がけるとよいでしょう。

　非言語情報とは、どのような表情で、どのような態度で、どのような表現だったのかなどのことです。個々の子どもの姿を見守り、日々寄り添っている保育者には、具体的に記されているとその時のその子の心の奥にあるものへの解釈ができるものと思います。

　また、そもそも頭に浮かんだことを文章にするのが苦手という方は、スマートフォンのボイスメモなどのツールを利用するのはいかがでしょう。思ったこと、感じたこと、考えたことをスマートフォンに向かって話すと、話したことが文章となって浮かび上がるので、その文章を読みながら修正することが可能です。

　この方法は、書き手と読み手、両方の立場を経験することができるだけではなく、それまでイメージできなかった文章が現れるので、視覚的にも修正しやすくなります。この方法でできあがった文章を日誌に記入することで、次第に読み手に伝わる文章が書けるようになっていきます。

　ここで私が伝えたいことは、自らの苦手意識に合わせた対処方法を見つけ、より効率的に自分の強みを活かして記録を重ねていく努力をしてほしいということです。対処方法を見つけ、実習を重ねるうちに、いつしか最初の実習の時より記録が書けるようになったと感じることでしょう。

　どのように記録したらよいのかわからないのは当たり前です。実習生として大切なことは、初めてのことは苦手で当たり前と捉え、あきらめずに

積み重ねていくことではないでしょうか。いつの日かきっと、以前に比べると記録できるようになったと感じる時が来ますから。

ピアノが苦手

　ピアノが苦手だと感じている方は多いと思います。保育士養成校に入ってからピアノを始めた、小学生の頃少しだけ習っていたけれど楽譜を読むことが難しい、指が思うように動かないなど、苦手とする理由はたくさんあります。

　しかし、ピアノだけは練習しなければ弾けるようになりません。1曲ずつ弾ける曲を増やそうという気持ちが大切です。

　保育現場では、楽譜通りに弾けることより、子どもの動きに合わせて心地よい音を奏でることが求められます。それだけでも、自らのピアノに合わせて楽しむ子どもたちの笑顔に、もう少し練習して、片手でもよいから子どもたちの喜ぶ顔を見たいという気持ちが生まれることでしょう。そして、あきらめずに努力をすることで自分なりの伴奏ができるようになります。

　もちろん、ピアノはどうしても弾けないけれど、ギターなら弾ける、打楽器ならリズムを刻める、歌は大好き。これらも大切なスキルです。子どもたちがピアノ以外の楽器に合わせて歌うことも素晴らしい体験です。

　苦手なりに練習して、なんとか弾けるようになった1曲に合わせて子どもたちが歌やリトミックを楽しんでくれるのを見て、あまりの感動に別の曲も練習してみようと努力を続け、気がついたら苦手だったピアノを保育のなかに取り入れることができるようになっていたという保育者に、たくさん出会ってきました。

　苦手だからやらないのではなく、努力を続けることや、別の方法を考えることこそが大切なのではないでしょうか。

4. 笑顔は魔法──保育者をめざす後輩たちへ

　皆さんはどんなときに笑顔になりますか。大好きな人の前でしょうか、

美味しいものを食べたときでしょうか。それとも、夢が形になったときでしょうか。

　子どもたちの表情やしぐさ、時には遊びに夢中になり眉間にシワを寄せている姿には、思わずこちらが笑顔になってしまいます。そうして、保育現場で子どもたちの表情に癒された日々は数えきれません。子どもの姿は、保育者である私たちに大きな刺激を与えてくれます。その最たるものが子どもたちの笑顔です。子どもたちの笑顔に何度も魔法をかけられて、気づくと子どもたちより夢中になって遊びを楽しんでいる自分がいます。

　私には、「保育者は俳優であれ」と思って仕事をしてきた経験があります。プライベートで辛いことがあっても、仕事ですから俳優のように笑顔を見せられなくてはいけないと思っていたのです。しかし、作り笑いは子どもたちに発見されていることが多いものです。もちろん保育のプロですから、俳優のように笑顔を作り、辛さを隠す努力をしますが、保育者だって人間です。辛い日もあります。辛い日は辛いと、上司に相談すればよいと思います。

　何より、そんな関係性が作れる施設内の環境づくりが大切です。笑顔は魔法。魔法を子どもたちにたくさんかけてあげましょう。そして、子どもたちからの笑顔をプレゼントとして受け止められるゆとりを心がけましょう。保育者自身の心の安定が、その日の保育を左右するのです。

失敗こそが宝物

　保育の道を志した頃の私には、皆の前で失敗してはいけないと、失敗を恐れていた時期がありました。ミスをして周囲に迷惑をかけないためにはどうすればよいかを考え、翌日のスケジュールを整理しながら準備を行い、朝起きるとまた確認するという生活をしていたことがあります。その繰り返しが、少しずつ頑なな自分を作っていたと思います。

　保育士養成校時代、友人から、当時流行していたピンク・レディーの曲を文化祭の舞台で踊ろうと誘われました。正統派の振付で踊る私と友人。そして、同じダンスを面白おかしく踊る友人グループとのコラボレーション企画です。

失敗したくない私は、自宅でも学校でも必死に踊りを練習しました。しかし文化祭前、もう一方の友人グループが楽しそうに踊る姿を目の当たりにし、自分を変えて、力を抜いて踊ったほうが見ている人に楽しさを伝えられることを学びました。

　また、それまで間違えずに踊れていたダンスでしたが、文化祭当日は舞台上で予想外のことが起こりました。その時に、間違えてもよいから楽しく踊ることで周囲にも楽しさを伝えられることを体感しました。失敗せずに踊らなければと固くなっていた私でしたが、楽しく表現することの大切さを突きつけられた思いでした。そして、失敗しても得るものがあることを学んだ日となりました。

　失敗してもいいのです。いえ、「いい失敗」はたくさんしてください。皆さんにお伝えしたいのは、その失敗を必ず受け止めて、次へのステップにつなげていくことが大切ではないかということです。

素直に耳を傾ける

　周囲からのアドバイスを受け止められずに反発してしまった経験をされたことはありますか。

　耳を傾けられるのか、反発してしまうのか、それは誰がアドバイスをしてくださっているのかということに左右されるかもしれません。信頼を寄せている相手であれば耳を傾ける。反対に、不信感を抱いている相手であれば聞く耳をもたず、初めから避けて通ろうとすることもあるでしょう。誰もが自分に好意的で、自分の納得のいくアドバイスをしてくれるわけではないので、自分に好意的なアドバイスであれば受け入れ、自分を非難するアドバイスであれば聞き入れないという方も多いでしょう。

　私も、何かを始めようとするとき、心のなかに二人の自分がいることに気づきます。この二人を、ＡとＢと仮定してみます。例えば、提出物の期日が迫っているけれど、なんとなく取りかかる気になれない、そんなときが皆さんにもあると思います。

　二人が、心のなかで囁きます。

A「今、やらなくてもいいんじゃない？」

B「提出期日は決まっているし、どうせやらなければならないのだから始めよう」

A「でも、今はやりたくないし、時間もないし」

B「時間はないけれど、やり始めたらそんなに時間がかからないかもしれないのよね」

AB「どうしようかな〜〜。やりたくないけれど、提出しないといけないし、どうしようかな〜〜」

　誰もが一度ならず、このような経験をしているのではないでしょうか。まずは、このような自分の心の声にも素直に耳を傾けて、自分自身と対話をしてみてください。自分と対話をして、自分を知ることができると、社会生活のなかで一見自分とは相反する意見を述べてくる人のなかにも「自分」が存在することを体感し、少しずつ相反する意見にも耳を傾けることができるようになるのではないでしょうか。

　自分とは違う視点から状況を感じ、判断して行動する方はたくさんいます。自分とは違う意見やアドバイスに向き合うことは、別の視点でものを感じることにつながり、視野も広がります。

　人は年を重ねても完璧にはなれないものです。だからこそ、多くの人とコミュニケーションをとりましょう。人を相手にする職業に就くと決めたら、多くの人の声に素直に耳を傾けてみることが、自分の成長につながるのではないかと思います。

　もちろん実際には、嫌だな、言われたくなかったなと思うことも多いものですが、その時は考えることを止めましょう。時間が経過したときに対処方法が見つかるかもしれません。見つからなかったら、あまり大切なことではないのかもしれないので、思い切って蓋をしてしまいましょう。

「夢の保育者」に近づくためにモデルを探す

　私が保育者をめざしたきっかけは、幼稚園時代の担任の先生でした。ピアノが上手で、穏やかで、いつも笑顔を絶やさない優しい先生でした。皆

さんも私と同様に、保育者になろうと決意したきっかけがあると思います。

　長年保育の仕事をしてきて感じることは、その時々にどのような保育者と出会ってきたのかが大切だということです。もちろん、私が出会った保育者も、優しい先生ばかりではありませんでした。自分の保育を前面に打ち出し、他の考えを受け入れない保育者。子どもにも自分にも厳しい保育者。あるいは、常に周囲に気を配りサポートできる保育者。その場の空気を明るい雰囲気に変えることができる保育者など、思い返すと伝えきれないほどの出会いがありました。そうした多くの保育者との出会いのなかには、「夢の保育者」になるためのモデルとなる保育者との出会いも、反面教師にしたいと思う保育者との出会いも存在します。

　そうして、自らの保育者としての姿が次第にできてくるのではないかと思います。それらを振り返ると、反面教師にしようと思った保育者との出会いも、今思えば私自身の保育者としての歩みに影響を与えてくれた保育者であったと思います。

　皆さんはどのような保育者になりたいと思っているのでしょうか。夢の保育者になるために、今の自分には何が必要であると感じていますか。

　保育の道を歩んでいくと決めたとき、「夢の保育者」像をイメージしたかもしれません。「夢の保育者」になるためには、多くの保育者と出会い、その保育者の考え方に刺激を受け、自らを高める努力を続けていくことが大切です。

　そんな、「夢の保育者」として目標となる保育者に出会うための機会を得る一歩も、自分自身の行動から始まります。そのためにも、その時々の出会いを大切にし、よい出会いを引き寄せられる保育者になる準備を始めましょう。

資格取得は専門職として歩むためのスタートライン

　先に述べた通り、保育者になるためには、必要な資格を取得するために保育士養成校で2〜4年学んで卒業と同時に資格を取得する方法と、保育士取得のための国家試験に合格する方法の二通りがあります。では、資格を取得したら、その時点で保育のプロになれているのでしょうか。

私は、資格を取得した時点では、保育の専門職になるための一歩を踏み出すスタートラインに立ったにすぎないと考えています。

　もちろん、子どもたちやその保護者からすれば、新人保育者でも経験を重ねている保育者でも、同じ「担任の先生」という位置づけです。これは数週間の実習経験のなかで皆さんも感じたことでしょう。しかし、経験を積み重ねることで身につくスキルや、子どもたちや保護者、そして何より職員間の信頼関係は、資格取得だけでは得ることはできないのです。

　実習先での保育の在り方や保育者の言動に感動する学生もいれば、残念ながら保育者になりたいという思いが打ち消されてしまう学生もいます。しかし、実習先の保育や保育者の言動が保育のすべてではありません。経験を重ねている先輩保育者も、保育のプロになるべく日々歩みを続けているのです。実は、先輩保育者も、保育者をめざす学生の姿から自らの保育を振り返り、保育の専門職への道を探究しているかもしれません。

　資格を取得して初めて、保育の専門職としてのスタートラインに立つことができます。主体的に保育を研究し、研鑽を重ねていくことこそが、スタートラインに立てた者に求められる専門職への道なのではないでしょうか。

5. 柔らかに歩む

　この章もそろそろまとめに入ります。この章は、保育者をめざす学生の皆さんに、保育の楽しさや魅力とともに、これから想定される大変なことも伝えたいと思い、書き進めてきました。

　私の保育人生も、思い返すと色々なことがありました。失敗ばかりの経験も含めて、心穏やかに、柔らかに歩むことの大切さを皆さんにお伝えして、この独り言の章をまとめたいと思います。

　人として生きている私たちに、失敗はつきものです。失敗を乗り越えて、少しだけ理解できるようになった「自分」を受け止められるからこそ、人生が楽しいものになるのだと思います。情けない自分、倒れそうな自分、ハッピーな自分、前向きな自分。そんないろいろな姿の「自分」のことを

好きな自分になって、他者の失敗も一緒に受け止めることができる歩みをしたいものですね。そう、柔らかに歩んでまいりましょう。

柔らかに受け止めて

　子どもたちは、遊びを通して日々成長・発達を遂げています。そんな姿に、誰もが応援と温かいまなざしを向けることと思います。

　子どもだからといって、大人の思い通りにさせることが成長につながるのでしょうか。子どもにだって、いいえ子どもにこそ、自分の想いや願いがあります。凝り固まった価値観をもってしまう大人に比べて、子どもはなんと柔軟なことでしょう。

　うまくできなかった遊びがあったとき、一度はあきらめたように見えても、時が来るとまた同じ遊びにチャレンジする子どもの姿を見かけます。傍にいる大人には、こうした子どもの姿への柔軟な対応が望まれます。子どもが何度も繰り返し挑戦する姿を柔らかな心で受け止めて、次へのサポートができる保育者になりたいものです。

周囲への興味──気づきノートとひらめきノート

　皆さんは、自分の周りで起きている事柄にどのくらい興味をもっていますか。自分にとってプラスにならない事柄には興味を示さない方も多いのではないでしょうか。

　すでに述べたように、実習先の保育者の皆様から、学生の「気づき」のコメントが少ないと指導をいただくことが多くあります。では、どうすれば気づけるようになるのでしょうか。

　私は、気づくためには、興味をもつことが重要ではないかと考えます。周囲の出来事に興味をもつと、自らが、当たり前だと思っていたことも視点を変えることで、別の考え方があることに気づけるようになります。

　そして気づきが生まれると、新たな発見とともに、なぜそうなるのだろうかと疑問が湧き、どのように対応しようかと考えます。考えても見つからないこともありますが、一度意識して考えると、ふとした瞬間に改善案が浮かび上がることがあります。この気づきとひらめきを、私は記録に残

しています。いつも持ち歩く手帳に、気づいたことやひらめいたことがあれば、時間をかけずその場で記録します。メモ程度の走り書きです。

　この、気づく、ひらめくは保育者の大切なスキルです。皆さんもぜひ、日々の授業のなかで気づいたこと、ひらめいたことをメモしてみてください。振り返ることで得られることがあると思います。

センスを磨き日々の生活を大切に

　皆さんのなかに、自分はセンスがよいと思う人はいますか。あるいは、皆さんの周囲には「センスがいいな」と思う人はいますか。そのセンスのよさはどこで身につけたのでしょう。

　ここに白いTシャツが1枚あるとします。このTシャツを、どうすればより素敵で、誰もが憧れるTシャツにできるのかを考えてみましょう。そのTシャツはワゴンに入っていますが、山積み状態で、シワだらけです。隣のお店でも同じワゴンに入っていますが、きれいに畳まれていて、手に取りやすくなっています。またあるお店では、同じ白いTシャツがウインドーに飾られています。同じTシャツでも、扱われ方、展示の仕方によって金額まで違って見えるのではないでしょうか。

　センスを磨きたいなと感じたら、同じような品物がどのようにレイアウトされているのかという視点でウインドーショッピングをしてみるのもよいでしょう。Tシャツに何をプラスすると自分らしさや個性が引き出せるのかなど、色々な視点で探究することもセンスを磨くことにつながります。

　まずは、自分の部屋を整理整頓して居心地のよい場所にしてみましょう。気持ちにも変化が出て、周囲への興味が引き出されます。そうして環境を整えることに楽しさが見いだせたら、レベルアップです。

社会人として視野を広げる

　保育者として長く歩んでいると、保育の世界がすべてになってしまい、社会情勢から離れてしまうことがあります。

　子どもとともに生活していると、子どもの世界に視点が行きがちですが、子どもたちは社会で熱心に働く保護者とともに生活しています。保護者の

生活は多種多様です。それぞれに思いや願いをもって、社会人として勤務されています。そして、社会情勢の変化とともに、保護者の保育施設へのニーズも変化します。

　保育者は、子どもたちの幸せな日々のために、その時々の社会情勢を把握し、保護者の思いを共有しなければなりません。相互に連携し、子どもたちの未来を約束するためには、保育者も、保育の世界のことだけではなく社会の動向に意識をもつことが必要であると思います。

　保育施設側として要望をもつだけではなく、子どもたちのために、そして社会の一員として、あるべき保育施設のポジションを確保する意識をもちましょう、そのためにも、保育の世界のみにとらわれることなく、また、保育の根っこの部分の大切さを失うことなく、社会と共存する視野をもって、未来を担う保育者をめざしてください。

栗原智江[2]（一般社団法人ねむの木の丘）

働くということ

精神障がい者のためのグループホームと通所介護を運営しています。

立ち上げのきっかけは、福祉の仕事をするなかで、どんなによい制度があっても救えない人たちがいると、目の当たりにしたことでした。少しでもそんな人たちの力になりたい、一緒に生活ができる施設を作りたいと思って、今に至ります。

施設を運営するなかで、それまで一人では生活の基盤を整えるのが難しかった人でも、住環境と医療や支援の体制が整っていれば、きちんと生活ができることを実感しています。いっぽうで、幼少期に適切な支援が受けられればこうはならなかったのではないかという人たちとも出会い、子ども期の教育の重要性も感じています。

「まるごと」見る／接する

この仕事に行き着くまでには、障がい児の保育と教育に携わったこともありました。その際、重い障がいをもつ子どもも含め、すべての子どもに教育を受ける権利があり、人間として認められなければならないと学んだことから、現在の考え方や接し方が培われました。

現在の考え方や接し方とは、具体的には常に「平常心」で接することです。心にくもりがあると、その人本来の姿を正しく認識できなくなります。よいところも悪いところも併せもったのが人間です。人と接する時には、よいところも悪いところも「まるごと」見て接することが必要だと考えています。

日頃から相手を「まるごと」見ることができるようになると、この後何が起きるのか、予想ができるようにもなります。一朝一夕で身につく力ではありませんが、相手の目の動きや手足の動き、表情、声のトーンなどの細かな表現を見逃さず、「なぜ今の動きをとったのかな」と、自分で考えてみることが大切です。

精神障がい者の方と接するお仕事では、一人ひとり異なる「障がい」とのお付き合いが一番難しいです。同じ障がいをもっていても、人によって症状は違うので、接し方も

2　（くりはら・ともえ）大学卒業後、精神薄弱児通園施設にて勤務。老人介護、在宅介護支援センター、敬愛病院、特別養護老人ホーム、南古谷病院、新白岡病院の相談支援を経て2010年株式会社ねむの木の丘を設立、その後一般社団法人ねむの木の丘を設立し現在に至る。同法人代表理事。

人によって変わります。まずはその人の全体の特徴をよく観察し、とらえ、その人にあった接し方を心がけます。例えば指導的な口調で話すほうがよい人もいれば、同じ目線で話さなければ聞き入れられない人、丁寧な声掛けが必要な人など、心が安定する方法は人によって異なります。

　声掛けの方法や選ぶ言葉を間違って「地雷を踏んで」しまうと、相手も自分も立ち直りに時間がかかり、心に傷がついてしまいます。そうしたことがないように、鋭い観察眼をもって、「まるごと」見て接する方法を心がけています。

若いって素晴らしい

　最後に、これからの保育・教育を担う若い人たちに向けてメッセージを送ります。

　若い人たちはそれだけでピカピカと光っていて、素晴らしいことです。しかし大切なのは、同時に謙虚さをもつことです。自分はできる！　と胸を張るのもよいことですが、仮に知識をたくさんもっていても、現場に出れば勉強したのとはまったく違うことが起きるものです。大きな壁にドーンと突き当たることもあるでしょう。

　そんな時は、一度立ち止まって、まずは周りを見てみましょう。そして、一番活躍していると思う先輩を見つけて、その先輩の働きをよく観察し、話を聞いてみましょう。あるいは、「これが社会なんだ」と自分を落ち着かせて、深呼吸をしてみることも大切です。もちろん時には、本を読むなどして得られる知識を実践することが助けとなるかもしれません。いずれにしても、自分でどうしたらよいのか考え、乗り越える努力をしてみてください。

　若い人たちは本当に大きな力をもっていますが、自分の力だけを信じていては、落とし穴に落ちてしまうかもしれません。一歩下がるのは難しいことですが、時にはそんな姿勢もとれるといいですね。

　若いということは、何でもできる可能性をもっているということです。何もかも「ここから」、です。先を行く先輩として、「頑張って」とエールを送ります。

第3章　素直——保育者の心と心のふれあいを学ぶ

原口政明[1]

1. 本気でニコニコ、コツコツと

　中学校で38年、大学で4年の教員生活を送るなかで、教師として子どもたちに向かっていくうえでもっとも大切にしていかなければならい姿勢は「本気」であると考えています。

　後藤静香氏の「本気」という詩を教室に掲げていたのを思い出します。この詩を目標に子どもたちにがんばってほしいという願いを込めて掲げていたのですが、毎日毎日、この詩と向き合っていくうちに、いつの間にか、自分への応援歌ではないかと感じるようになりました。まさに、「本気ですれば大抵のことはできる／本気ですれば何でもおもしろい／本気でしていると誰かが助けてくれる」と実感しています。

　県内一の非行で荒れ狂う中学校に勤め、子どもたちとぶつかりあい、悩んだこともありました。全国報道されるような大きな事件の前面に立ち、途方に暮れたこともありました。しかし、本気で向き合うなかで、誰かが手を差し伸べ助けてくれました。今考えると、おもしろくてワクワクする毎日であったと思っています。

　私は、本気で仕事に向き合うために大切なことの一つに、「素直」があると思っています。

　今、教えているその多くは、保育者をめざす学生たちですが、心が素直で、いつも私は心を洗われています。学生たちから特に素直さが感じられるのは、「笑顔」「うなずき」「『はい』の返事」が届いたときです。自分に

1　（はらぐち・まさあき）　➡ p. 172

素直な人は，自然な「笑顔」が出ます。本気の人は，その人の人間性が顔に表れるのです。授業中，いつもうなずきながら聞いてくれる学生がいます。ほっこりとして，授業にも力が入っていきます。目を輝かせて「はい」と応えてくれる学生には，安心して仕事を任せることができます。

　この，「笑顔」「うなずき」「はい」の返事は，誰にでもできそうな当たり前のことと思われるかもしれませんが，なかなか出せるものではありません。特に，成長途上の子どもや学生にとっては，常々意識していないと身につけることができません。そして，きっと目の前の保育者以上に「笑顔」「うなずき」「はい」の返事を振り撒くことのできる子どもはいないでしょう。保育者以上の子どもは育ちません。ですから学生の皆さんには，保育者となった後も，その素直さを忘れずに子どもたちとふれあっていってほしいと願っています。

　私は，長年の教師生活を通して，教師として大切なことは，いつもニコニコしていること，コツコツと仕事に励むことだと実感しています。これを続けるには，常に自分との葛藤がつきまといます。自分を見つめ，教師としての在り方，人間としての在り方について謙虚に考え続けなければなりません。

　この章では，「本気」の大切な要素である「素直」について述べていきます。子どもたちに寄り添い，ふれあっていくなかで，「素直さ」がいかに大切であるかについて考えを深めていきます。

2.「素直」の大切さ——心と心のふれあうとき

　保育者の支えにより，幼児期の子どもは知的にも情緒的にも大きく成長し発達していきます。その学びの土台となるのが，保育者と子どもの信頼関係・愛着関係です。乳児期から幼児期にかけて愛着経験を積み重ねることが大切です。保育者と子どもの心と心のふれあいを通して，子どもの「心情・意欲・態度」は育っていくのです。

　そこで，ここではまず，ふれあいの姿勢であるカウンセリングマインド

について紹介していきます。

　カウンセラーがカウンセリングを進めていくなかで、相談に訪れた人と向き合う姿勢をカウンセリングマインドといいます。この姿勢を保育者も活用していくと、心と心で子どもとふれあっていくことができるのです。

　カウンセリングマインドには3つの特性があります。1つ目は、子どもの身になって考えることです。例えば、「おかあさんがまだお迎えに来てくれないのね」と、子どもに寄り添って声をかけてあげることです。子どもの気持ちになりきることを、共感的理解ともいいます。「子どもの気持ちをしっかり聴いて、親身になって一緒に考えていく」ことです。ここ数年、「繊細さん」などといわれる、共感しやすい性格傾向が話題になっています。保育者をめざす学生は優しい子が多く、共感の気持ちをもって接してくれるので、ほっこりさせられます。これは、保育者にとってはとても大切な姿勢と言えます。子どもの心を大いに感じてほしいと思います。

　2つ目の特性は、目の前の子どもが大好きだということです。無条件的積極的配慮といって、無償の愛のようなイメージです。心の広い人は、自分の心の器を空っぽにして、子どもの心を丸ごと受け入れていきます。これを器の広い人といいます。もちろん、子どもの心を全部受け入れるのは難しいと思いますので、自分の心の器の隙間部分をできるだけ広げる努力をして、そこに子どもの心を受け入れていくと考えましょう。保育者の心のなかに子どもの気持ちを入れるには、保育者自身の心にゆとりが必要となります。

　3つ目の特性は、自分を素直に開くということです。子どもと一緒に夢中になって無邪気に遊んでいるような様子です。本音で自分をさらけ出すことを、自己一致ともいいます。心に偽りがなく、素直な様子です。人間性豊かに、笑顔で子どもたちに接していく姿です。このとき、先生自身の心の動きによく耳を傾けることも必要となります。保育の経験を重ねていき自信がついてくると、ついついえらぶってしまうこともあるかと思いますが、素直に、謙虚に、やっていくことをおすすめします。

　皆さんも、子どもと一体になったと感じる場面を何回も経験されている

と思いますが、そのようなときには、必ずこの三つのどれかの特性が活かされていたと思います。このカウンセリングマインドの接し方を心がけていくと、子どもとの関係が良好になっていくことはもちろん、自分を素直に見つめる機会にもなるのです。保育者としての自分はこれでいいのだろうか、人間としての自分の在り方はどうだろうかと、自らを見つめることにもつながっていくのです。素直でやさしい自分になっていけると思います。

3. ふれあいの保育

　子どもは、6歳の誕生日を迎えてから小学校へと入学していきます。ですから、子どもは就学前、0歳から6歳までの6年間を保育所等で過ごす場合があります。その年齢ごとの発達段階において、保育者と子どもとのふれあいには少しずつの違いがあります。ここでは、子どもの発達を支える保育者が、子どもの年齢ごとの発達段階に応じて、保育者と子どもがどのようにふれあっていくとよいのか考えていきます。

0歳児とのふれあい

　子どもは皆、母親のおなかのなかで守られて安全に育っていきます。ですから、生まれた後も母子関係のような一体感があれば、安心して健やかに育っていくのです。このような特定の人との情緒的な絆のことを愛着（アタッチメント）といいます。

　0歳児には、保育所においても安心できる大人の存在が必要となります。保育士は、スキンシップを大切にして、ミルクやお尻の始末や抱っこや言葉かけなどの生理的な欲求を満たしていくことが大切です。その際、安定した生活リズムとなるように、子どもの甘えや要求に受容的に応えていくことにより、子どもはほっと安心して生活していくことができます。子どもは次第に感情豊かに表現できるようになりますので、保育者も表情豊かに接してあげるといいと思います。このようなスキンシップの繰り返しを

通して、保育者との「1対1」の愛着関係のなかで、愛情を注ぐことが大切です。

0歳児のふれあいでは、スキンシップ、言葉、歌とリズムがとても重要です。温かく居心地のよいなかで要求にすべて応えてもらえる体験を通して、子どもたちに人への信頼が生まれ、自信をもつことへとつながり、生きる力が育まれていきます。

保育者は、このような愛着関係を子どもたちと結んでいくことが大切です。愛着とは、「特定の人と結ぶ情緒的な心の絆」ですので、親以外の特定の人、誰とでも結んでいくことができますが、一度にたくさんの人とは結べません。保育所では保育者との「1対1」の愛着関係から築いていくこととなります。この情緒的な絆を育むことは、人が人として育っていくためにとても大切で、また欠かせないことです。家庭ではもちろんのことですが、保育所での保育者の存在も重要です。

愛着関係が良好で、保育者を受容してくれる存在として認識すると、子どもは安心して、保育者を泣いて呼んだり、追ってきたりと、自分の感情を表現するようになります。その時、保育者がスキンシップをもってふれあうことで、子どもは自分の感情をさらに表現してきてくれます。

1歳児とのふれあい

愛着には、怖いことや心配なことから守ってくれる「安全基地」、そこにいると温かくほっとする「安心基地」、そこから離れてもすぐ戻れる「探索基地」の、3つの機能があります。

1歳になると自分の周りの人や物への興味関心が高まり、自分から探索活動をしていきます。1歳前から、柱時計から流れてくる曲に気づいて目をやったり、変わったものが落ちているとすぐ口に入れて舌で確かめたりします。自分の手足や五感を使って、探求心旺盛です。保育者に目配せして同意を得ようともします。その一瞬一瞬のふれあいが重要です。例えば、柱時計から音楽が流れてきて、子どもが指を指しているのに応えて、「そう時計、時計」「大きなのっぽの古時計だね」「そうくるくる回っているね」

などと保育者も子どもと一休となって、話しかけたり、一緒にリズムをとって歌ったり、抱っこしてやったりします。こうした一瞬一瞬の受け止め・共感・言葉かけ、リズムや歌の共有により、保育者と子どもの愛着関係は増々深まっていきます。言葉の数もどんどん増えていきますので、笑顔で優しくたくさん話しかけてやってください。子どもが発した言葉を何回も繰り返してやるのもいいでしょう。保育者が腹話術のように一人で話しているような状況でも、明るく言葉のシャワーを浴びせてみてください。子どもにとって保育者は何でも一緒に喜んでかかわってくれる情緒的な絆で結ばれる大好きで大切な存在となっていきます。

　また、この繰り返しにより、周囲の人や物とのかかわりも広がるとともに、遊びのバリエーションも豊かになっていきます。危険に配慮しつつ、遊びの環境を作ってあげることが大切です。この興味関心の広がりが、色々なことにチャレンジしていこうとする意欲へとつながっていきます。しかし、子どもは興味関心の高まりから、色々なことにチャレンジする一方で、たまに"やらかして"しまいます。失敗やつまずきが待ち構えています。そんなとき、保育者は子どもの意欲を押しつぶすことなく、子どもを支え、「してはいけないこと」を、体験を通して少しずつ教えていきます。時には、大泣きすることもありますが、感情を思いっきり出させることも大切なことですので、うなずきながらそっと寄り添ってあげましょう。

2歳児とのふれあい

　愛着形成は生後1歳6か月頃までに形成されないとその後は形成されにくいという考えがありますが、私は、愛着形成は生涯発達するものと考えています。ただ、この時期までの愛着形成はとても重要であることに間違いありません。

　愛着形成が順調な子どもは、活動範囲が大きく広がり、2歳児はわがままで、笑ったり、怒ったり、泣いたり、とても活発です。思いっきり感情表現できる環境を用意しましょう。自分の感情をしっかり出せるということはとても素晴らしいことです。2歳の頃には、どんどん自己を主張させて、

思いっきりしゃべって、思いっきり感情豊かに遊ばせましょう。子どもは、遊びのなかで自分でやりたがり、その姿を周りの保育者に見てもらいたいのです。でも、なかなか思うようにできませんので、そっと支援していき、できた喜びを味わわせてやりましょう。そして、しっかり認め褒めてやりましょう。その繰り返しで、やがて手助けがなくてもできるようになっていき、さらにできることが増えていきます。この時期は、保育者は子どもの活動をしっかり観察し、さりげなく支援し、できたらしっかり認め褒めることを繰り返していきます。

　また、遊びも一人の大人との関係から数人の子どもとの遊びへと変わっていきます。その後、皆仲良く遊べるようになっていきます。クラスには、発達に1年の差がある子どもたちが一緒に生活していますので、早生まれの子どもはなかなか子どもだけで遊ぶことができないかもしれません。保育者は、子どもの発達の様子をしっかり観察し、まだ、友達のなかに入れない子どもには1対1の人間関係のなかで、焦らずに活動させることも必要です。自閉スペクトラム症のお子さんは、遊びが苦手な場合もありますが、その特性をしっかり観察し、時には、巡回相談などの専門家の助言をいただくことも支援に役立ちます。

3歳児とのふれあい

　日本に伝わることわざ「三つ子の魂百までも」は、3歳までの人格形成の重要性を教えてくれています。私は、不登校の予防について研究していますが、3歳までの時期に、原因の根っこの一つがあるように考えています。ですから、この時期に家庭はもちろんのこと、保育者を含めた子どもの周りの大人がどのように人格の形成にかかわるかが重要なのです。

　3歳ぐらいになると、お手伝いをしたがるようになります。また、衣服の脱ぎ着も大人の手助けを拒否し始めます。自主性が芽生えてきて、「依存」から「自立」へ移行していきます。子どもの自立心を育てるチャンスですから、手を出すのを少々がまんして、子どもの思いを受け止めながら、子どもを見守ってやりましょう。

黙って見守るということは、放任とは違います。子どもが助けを求めて
きたら、手助けをしながらも、子どもの自主性を尊重するというかかわり
です。そして、できたら「一人でできるんだね」としっかり褒めてやると、
子どもは自分でやったという満足感にひたり、さらにチャレンジしていく
ようになります。この時に子どもを励まし寄り添うことは大事ですが、大
人に手をかけられ過ぎた子どもは、一人ではできない子どもになってしま
します。例えば、マジックでしきりに絵を描きたがったときには、紙から
はみ出してテーブルを汚してしまうようなこともありますが、新聞紙など
の大きな紙を下に敷いてやり、保育者も一緒に遊び心をもってお絵描きを
楽しんでしまうなどして、子どもの探求心を満足させてあげてもいいで
しょう。自分でやろうと意欲満々ですので、これを前向きにとらえて、子
どもにまかせる機会を多くしていきましょう。できたときには、思いっき
り褒めてあげましょう。
　また、3歳の頃になると、草花や動物に興味を示し、「これ何」の質問
が多くなります。何にでも好奇心がわき、言葉を上手に操れるようになっ
てきます。保育者は、子どもからの繰り返しの質問攻めに、丁寧にやさし
く答えていかなくてはなりません。さらに、子どもたちは遊びのなかでい
たずらや冒険をし出します。たくさんの挑戦が始まりますので、保育者は
自由に行動しようとする力を尊重して、見守りながら寄り添っていきます。
子どもは失敗の連続ですが、「自分でやろう」とする意欲を大切にしましょ
う。ただ、思うがままに行動しますので、危険な場所を教え、がまんする
力を育むことも大切です。保育者は、子どもの自己主張を尊重しながらも、
欲望をコントロールする力も併せて育んでいかなければなりませんので、
バランス感覚が重要です。保育者は子どもの目線となり、子どもの心を感
じとる感性が要求されます。「うん、うん」と共感してくれる保育者がい
るから、子どもは自己をコントールすることができていくのです。

4歳児とのふれあい

　4歳の年少さんは、集団生活のなかでさまざまな環境と出会っていきま

す。同年代の子どもとの協調性が育ちはじめます。年少さんから入所する子どももいると思いますので、その子どもは不安を抱えながら園生活をしています。保育者は、子ども一人ひとりとしっかりと信頼関係を結んでいくことが重要です。子どもたちは保育者との信頼関係をよりどころに、遊びを中心とした園生活を充実させていきます。保育者は自身の人的環境としての重要性を自覚し、子どもとのしっかりとした信頼関係を構築していかなければなりません。

　4歳児は、園生活において多くの人や色々な物に出会っていきます。新しい発見で感動の連続であるとともに、友達とのいざこざから悲しい思いをすることもあります。この時、保育者が子どもに寄り添い、子どもの気持ちを汲み取って共感していく姿勢が大切となります。子どもは、保育者に共感してもらうことで安心感を得て、またチャレンジをはじめるのです。まさに、子どもにとっての安全基地の存在なのです。子どもが失敗して戻ってきたら励ましてやってください。「できた」とまた戻ってきたら、抱きしめて一緒に喜び、オーバーアクションで褒めてやってください。

　物の取りあいのトラブルも多く発生します。友達が砂場で使っているシャベルをほしくなり、友達がバケツに水を入れているすきに、そのシャベルであたかも自分の物のように遊び出します。友達は勢いよくそのシャベルをひったくり返します。取った、取られたのトラブルは日常茶飯事です。保育者は、二人の思いに寄り添うとともに、お互いの状況を丁寧に理解させて、仲直りさせなければなりません。こんなときも、保育者と子どもとの間の愛情や共感が土台にないと指導が成り立ちません。保育者も人間ですので、時には感情的に対応することもあるでしょうが、一呼吸置いて冷静に対処していきましょう。保育者は、自分の感情とも戦わなければなりません。

　この時期の子どもは、自分の思いを言葉で表そうとします。思うままに言葉にできない場合もありますが、保育者は幼児の無邪気な気持ちをしっかり受け止めていきます。保育者の子どもにしっかり寄り添う、温かな表情やほっこりとした雰囲気、優しく受け入れるまなざしなどの配慮によっ

て、子どもは安心して自分の思いを言葉にしていくことができるのです。

5歳児とのふれあい

　5歳児の年中さんは、遊びが充実し、何に対しても意欲満々に取り組んでいきます。遊びのなかで自分の思いや考えを子どもなりに表現し、自己を発揮するようになります。例えば、保育者が新聞紙で紙飛行機を作ってあげると、最初はそれで楽しく遊んでいますが、やがて自分でたどたどしく作り始めます。でも、なかなかうまく飛ぶ飛行機はできあがりません。保育者は子どもとともに活動し、しっかり寄り添いつつ、さりげなく援助していきます。子どもが自分で感じ、発見していくことができるように、時にはヒントを与えながら、子どもを「やった」「できた」という気持ちにさせて、ともに喜び合いましょう。子どもは、物や場からさまざまなことを感じ取り、学んでいきますので、子どもの探求心を刺激するような環境の構成を工夫していくことが大切です。

　5歳になると、2人か3人の仲間と楽しく遊ぶようになり、友達関係のなかで園生活が充実していきます。友達のしたことをすぐ真似したりもします。保育者の言うことやすることもしっかり見ていて、保育者の役に立つことを嬉しく感じるようになるので、保育者のお願いも聞き入れることができ、クラスのなかでの役割も果たそうとしようとします。保育者は、子どもを信頼し、子どもにお願いし、できたら感謝の言葉を言ってあげましょう。それを見ていた他の子どももまた、同じように動いてくれ、クラス全体に思いやりの心が広がっていきます。また、クラスでも「人の話を黙って聞く」こともできるようになってきます。これは家族や保育者が子どもの話をじっくり共感して聞き続けてくれたことでできるようになったことです。子どもが自分の思いを伝え、友達の話が聞け、いざこざが起こっても話し合って解決していくこともでき始めます。保育者のカウンセリングマインドによる子どもへの接し方を真似し、子ども同士でもカウンセリングマインドを発揮できるように導き、仲間を思いやる気持ちを育んでいきたいものです。

6歳児とのふれあい

　6歳の年長さんは、思考力が高まり、折り紙で動物を作ったり、粘土細工をしたりするなど、何かを創造する遊びができるようになります。友達との関係も深まって、友達とともに活動することが楽しくなったり、約束も守れるようになったりして、学び合いが可能となっていきます。このような人間関係は、保育者の援助なくしてできるものではありません。クラスで自然に任せていては醸成することはできないのです。友達と一緒に取り組む活動などを意図的に計画して、力を合わせていく楽しさや達成感を味わわせていくことが大切です。

　グループでの活動では、自己主張の強い子どもも、思いを伝えられない子どももいますので、保育者がよく観察してそれぞれの子どもに寄り添い、共感して、調整役としての役割を果たしていかなければなりません。このような配慮の下、友達と力を合わせていく活動を意図的に計画していくことにより、次第にクラスでの人間関係が深まり、学び合いが可能となっていきます。年長クラスでは友達とかかわり合って活動する場面を多く経験させたいものです。友達とともに一緒にがんばり、目標に向かって力を合わせていく体験をさせましょう。クラス全体で目標をもって活動することや、仲間との協同的な活動を経験させ、仲間とかかわって学ぶ楽しさ、クラス全体の学び合いの楽しさを感じさせたいものです。

　協同的な学びを通して、保育者は子ども一人ひとりへの共感的な理解の下、子どものもてる力を存分に発揮させたいものです。協同的な学びにおいては、友達間の葛藤やジレンマがつきものですので、保育者はそのような場面で適切な指導をしていき、子どもを成長させていきます。保育者は、子ども一人ひとりの深い理解により、子どもが自己を発揮させ、友達のよさを受け止め合い、友達と遊ぶ楽しさを実感させてあげることが大切です。何より、保育者自身が、子どもたちにしっかり寄り添い、子どものよさを認め、生かしていく指導を進めていくことが不可欠です。

4. 子どもの心を受け止める

受容

　保育を志す学生を入学試験で面接すると、「保育者として一番大切にしていきたいことは何か」との問いに、大部分の学生が「子どもたちに寄り添っていきたい」と応えます。そこで、「教育相談と幼児理解」の授業時に、2年生の学生150名に、「子どもに寄り添うために大切なことは何か」と質問してみました。学生たちが30のグループに分かれ、ディスカッションして導き出した項目が下表です。（　）内の数字は、各グループで導き出した項目の数を集計したものです。各グループでは、それぞれが4項目ほどの複数の項目を導き出しました。「共感」「受容・受け止める」「愛情・愛着」「理解」「信頼関係」「笑顔」「安全基地」「コミュニケーション」「子ども目線」「褒める」など、第2項で示したカウンセリングマインドの三つの特性そのものです。学生たちの考えの深さに驚かされました。

　しかし、よくよく考えてみると、このカウンセリングマインドは、カウンセリングを体系づけたカール・ロジャースが自らのカウンセリングの体験から導き出した、カウンセラーとしてどうしても必要な条件です。保育者としても大切な条件ですので、それに学生たちがたどり着いただけの話

学生の考え「寄り添うために大切なこと」

①共感（21）　②受容・受け止める（21）　③愛情・愛着（15）
④理解（15）　⑤信頼関係（11）　⑥笑顔（10）　⑦安全基地（10）
⑧コミュニケーション（7）　⑨子ども目線（4）　⑩褒める（4）
⑪知恵をつける（3）　⑫思いやり（3）　⑬話をよく聴く・傾聴（3）
⑭一緒・ともに（3）　⑮先生の心（2）　⑯親しみやすい人間性（3）
⑰先生が自分を理解（2）　⑱そばにいる・見守る（2）
⑲変化に気づく（1）　⑳表情（1）　㉑本音（1）　㉒個性尊重（1）
㉓自分が皆の光となる（1）

なのです。人は誰もが、このような姿勢で、寄り添い、ふれあっています。それをこの授業では、学生たちが意識化できたということです。ですから、先生になっても、子どもたちと素直にふれあっていくために、この三つの姿勢を無意識的に出していくのではなく、自由自在に意識的に表現していってほしいと思っています。

よさを生かす「リフレーミング」

「リフレーミング」とは、皆さんの「短所」を「長所」に変えるカウンセリングの技法です。皆さんは、困難に直面して、自信を失ってしまい、意欲が消え失せそうになったことはありませんか。そんなとき、「やる気」を高めるのに「リフレーミング」はとても役に立ちます。また、保育者として子どもや保護者と接する時にも「リフレーミング」が効果を発揮すると、子どもや保護者の見方が変わっていきます。

　例えば、私は保育園や幼稚園の巡回相談にお邪魔することがありますが、担任の先生が「この子は暴れん坊なんです」とおっしゃることがあります。ところが、園長先生は「この子はとっても活動的で、将来が楽しみです」と、同じ子どもなのですが見方が違うのです。このように、「リフレーミング」は、先生が「暴れん坊」と否定的に見ている特徴を、異なる角度から「リフレーム」する、つまり枠づけをし直してみることです。私たちは、プラスと受け止めると、そのよさを伸ばそうとします。マイナスに受け止めると、その子どもの行動を消そうとします。指導の方向は、まったく逆向きになってしまいます。「だめな子」と嘆かないで、「よさ」と受け止め、前向きで積極的な指導をしていきたいものです。

　私は、このように子どもの「よさ」を活かすことは、教育や保育で最も重要なことの一つだと考えています。まずは、あなた自身が、自分をプラスに見ていけるようにしていきましょう。

ふれあいの道具「スキンシップ」「ことば」「歌とリズム」

　保育者が園に通う子どもたちとふれあう時に、無意識、意識を問わず使っ

ている道具に「スキンシップ」、「ことば」、「歌とリズム」があります。これらは大人がふれあう時にも使っています。カラオケを考えてみてください。肩を組んでの大合唱、「ブラボー」の大喝采、歌に乗ってリズミカルに体を揺らす、これを皆でいっしょにやっているのがカラオケです。楽しいふれあいのひと時となります。

1つ目はスキンシップです。年齢の低い乳幼児にはスキンシップなくして愛着関係は構築できません。保育者に抱っこしてもらったり、保育者とともに体を揺らしたりするのは日常茶飯事です。先生が安心できる存在になるまでは、しっかり甘えさせ、受容していくことが大切です。

2つ目は「ことば」です。子どもが言葉を発する前から、保育者は子どもに言葉のシャワーを浴びせます。一つの言葉を覚えるまでに、子どもはどのくらいその言葉を聞いているのでしょうか。私には孫が3人いますが、何回「じいじだよ」と言ったか数え切れません。話しかけるときには、笑顔で明るく話しかけてください。

発語があった後には、更に多く話しかけていくことでしょう。紙芝居や絵本はもちろん言葉によるふれあいの代表選手です。ふれあいの道具「ことば」を再認識していきましょう。

3つ目は「歌とリズム」です。保育に「歌とリズム」はなくてはならないものです。保育者の手遊び歌が始まると、周りがパーッと明るい雰囲気になります。リズミカルに交わす保育者と子どものふれあいのコミュニケーションを常に大切にしていきたいものです。

気になる子への支援

私は、年間100ほどの園・小中高等学校へ気になる子支援の巡回相談をさせていただいています。先生方が、子どもに寄り添い理解していくことの大切さを第一にお話しさせていただきます。そのなかで、必ずアドバイスをしていることが二つあります。それは、子どもを「好きになる」ことと、子どもに「自信をつける」ことです。

①連絡帳を通してのふれあい

　次の事例は、私が中学校の校長をしていたときに出会った、自閉スペクトラム症の特性があるＡくんのものです。

　まずは、Ａくんの母親から貸していただいた、保育園の先生との卒園間近の最後の一冊の連絡帳から紹介させていただきます。障がいの特性にかかわる部分や保育者と保護者のふれあいに関連する内容のみを拾ってみました。この連絡帳の記述から、保育者と子ども・保護者との心のふれあいの様子を読み取っていただきたいと思います。

○○○組　連絡帳　NO.2
1/6 金
保護者：Ａが書いた年賀状は、よく字が書けて、しっかり書いてあり、祖父母が喜んでいました。
先生：とても上手にかけていました。Ａくんの気持ちが伝わってきました。年賀状ありがとうござました。

1/7 土
先生：今日もピアニカ練習に楽しく参加してくれました。

1/10 火
保護者：家でもピアニカの練習をさせたいのですが、音階のシールと曲名を教えてください。
先生：ピアニカで練習する曲は「チューリップ」です。音階は、ドレミドレミ　ソミレド……です。シールを図のように貼り、ドの時は親指、レの時は人差し指で……と音階の順を教えてあげてください。

1/12 木
保護者：Ａはピアニカの音は出せるのですか。普段から手先が不器用なので心配しています。

先生：ピアニカの音は出せている時と出せていないときがあります。とりあえずは、指に余裕がないため、音を出すのを忘れてしまうのだと思うので、とにかくお家では、指を動かす練習をお願いいたします。協力ありがとうございます。

1/16 月
先生：ピアニカがとっても上手になっていましたね。たくさん練習したんでしょうね。お母さんもご協力ありがとうございました。本番まであと少し、お家でも園でも楽しい練習を続け、本番でのＡくんの立派な姿を楽しみにしてあげてくださいね！

1/17 火
保護者：土曜日、ピアニカを買ってきて練習しました。本人も初めは、あまりできなくて、イライラしていましたが、弾けるようになったら喜んでいました。
先生：お家でピアニカの練習をしてくださっているのですね。お母さんのがんばりすばらしいです。

2/7 火
保護者：お遊戯会ではお世話になりました。
先生：こちらこそお遊戯会では大変世話様になりました。1か月以上の長い練習の成果をバッチリ出してくれていたようでした！本当にＡくんはがんばってくれたと思います。今日も一日元気に過ごしてくれていました。

2/16 木
保護者：昨日は土手へ行けて、ご機嫌なＡでした。

2/22 水
保護者：折り紙は、Ａの苦手分野ですが、どこまでできるのでしょうか？

3/1 水
先生：今日は思い出の制作をして楽しく過ごしました。自分で紙を染めたり、楽しんでくれました。

3/20 月
保護者：今日もよろしくお願いします。卒業式の練習はいかがですか。
先生：今日も卒業式の練習に参加しました。まだ2回ほどしか練習していないので、Aくん自身も動きがつかめていない様ですが、がんばってくれていましたよ。

3/22 水
保護者：卒園式の練習大変だと思いますが、ご指導の程、よろしくお願いいたします。
先生：今日で3回目の練習となり、慣れてきた様子でした。どんどんかっこよくなってきますヨ！

3/24 金
保護者：保育園生活では、一年間お世話になりました。私にとっても、初めての子どもで、わからない所があり、ご迷惑をお掛けしました。本当にありがとうございました。諸先生方にもよろしくお伝えください。
Aくん（自筆）：○○せんせい1ねんかんありがとうございました。しょうがっこうへいってもがんばります。　　A

3/25 土
先生：ご卒業おめでとうございます。Aくん、文字もとっても上手になりましたね！とても感動いたしました。Aくんのかわいい笑顔に毎日会えなくなってしまうかと思うと何だかとてもさびしく思えます。小学校に行ってもAくんスマイルでたくさんのお友達を作ってくれると思います。

小学校へ行ってもがんばってくださいね。たくさんの行事があり、お仕事しながら、お家の方の行事の協力は、大変だったと思います。たくさんのご協力ありがとうございました。一年間ありがとうございました。

　発達障がいのある子どもを育てている保護者は日々葛藤の連続です。ここでは、目と手の協応運動が苦手なＡくんが、ピアニカに挑戦する様子が書かれています。保護者は自宅にピアニカを購入して、自宅でもピアニカを教えています。恐らく、母親が指導してもなかなか上達しなかったのでしょう。保育者は丁寧に指導方法を示し、保護者に寄り添って支えています。

　お遊戯会では、上手にできるようになり、保育者は保護者とともに喜び合っています。Ａくんの自筆の感謝と決意の言葉には感動させられました。保育者が子どもと保護者に寄り添い続けたことが実を結びました。保育者が子どもや保護者に寄り添い理解していくことが、支援のスタートとなります。

②子どもを「好きになる」

　Ａくんは、今は20歳を過ぎ、再就職先を探しています。彼との最初の出会いは、私が校長をしていた中学校の入学式の前日でした。幼児期からトラブルの続くＡくんの今後の中学校生活について保護者から相談を受けました。Ａくんは織田信長のファン、言葉遣いは丁寧で礼儀正しい印象を受けました。

　Ａくんの学校生活への意欲を育むために第一に必要なことは、中学校生活３年間を通して、Ａくんを支え続けることのできる教師の存在であると考えました。幸い、担任と通級指導教室担当が中心になって、Ａくんを３年間支え続けてくれました。

　Ａくんは冗談が通じないため、友達や教師と数々のトラブルを起こしていました。卒業時に、「３年間で一番つらかったことは何か」と聞くと、ある先生から授業中に「そのニヤニヤした態度はなんだ」と言われたことだと答えました。このように誤解を受けやすいＡくんを支え、何事にも

意欲的に取り組むことができるようにしようとしてくれた教師たちがいました。

　中1時の女性担任は愛情豊かな表現で、常々、「Aくんはユニーク、私は大好き」といつも言っていました。この担任教師のAくんに接する姿勢は、学年全体の教師にも徐々に伝わり、そこからAくんへの応援体制が整っていきました。Aくんは、明るく素直な本来の姿を周りに見せ、意欲的であるとまでは言い切れませんが、前向きに学校生活を歩んでいきました。校長の私とは武将の話で盛り上がり、校長室にもよく遊びに来てくれました。

　思い出すのは、私が新任教員時代に障がいのある子どもとのかかわりで悩んでいるときに、「先生はその子が好きですか？」「先生はその子が大好きなようだから、きっとうまくいきますよ」と励ましてくれた、先輩教師の言葉です。発達障がいの子どもの意欲を育む支援を考える際に、特に必要なことは、周りの大人の「好き」という気持ちが本人に伝わることだと考えています。これが原動力となって、子どもはすべての活動に向かっていくことができるようになるのだと思います。保育者の皆さんも、目の前の子どもに皆さんの素直な気持ちで接し続けてみてください。最初は苦手意識を感じていた子どもとの関係も、「好き」という気持ちが次第に強くなり、1年経つ頃には好きで仕方なくなってくるはずです。この事例のように、感動の別れを体験できるはずです。

③子どもに「自信をつける」

　正義感が強いAくんは、学年主任を呼び捨てにする生徒の態度が気に入らず、友達と言い合いになることがありました。コミュニケーションの苦手さもあり、3年生になったAくんに笑顔が少なくなっているのを感じていました。

　京都への修学旅行時、Aくんと校長の私は二人で旅館を抜け出し、本能寺の織田信長の墓石への参拝をしました。Aくんは途中の花屋でお供えの花を買い、小走りで満面の笑顔を浮かべ寺へと向かいました。今まで見たこともないあの笑顔を忘れることができません。この出来事以来、A

くんは私に定期的に連絡をしてくれるようになりました。そのやりとりは、Aくんが20歳になった今も続いています。私とAくんの人間関係が構築される決定的な瞬間だったのでしょう。発達障がいのある子どもを笑顔へと導くことを常に意識し、保育所に通っていたときのような笑顔でいっぱいの学校生活にしていきたいものです。

　保育者と子どもがふれあうことは目的ではなく手段であって、ふれあいを基盤として、その子どもを成長させていくことが目的です。保育者と子どもとの関係が良好でなくては、支援の効果は期待できません。人間関係が良好であればこそ、子どもは成長し自信をつけていくことができるのです。

5. 自信がもりもり湧いてくる

教えの根っこ

　年金を頂ける歳になったのですから、のんびり過ごせばいいのでしょうが、まだ教員の喜びを忘れられず、保育者をめざす学生の担任をしています。この歳にもなって、真面目腐って考えてしまいます。佐藤一斉が『言志耋録』という古い本に「化して之れを教うるは、教、入り易きなり」と記しています。子どもを感化することが、教えの根っこにあるということでしょう。感化の根っこの先に、子どもが「好き」という気持ちがあるような気がします。

　発達障がいのあるAくんは、私が発信し続けた「Aくんが好き」という気持ちを受け止めてくれたのだと思います。私との日々の会話のなかで、感化まではいかないと思いますが、恐らく感じるものがあったのだと思います。感化と愛の根っこに支えられて、子どもが個性豊かな花を咲かせ、実を結ばせていくことを願っています。幼児にとっての感化は、保育者と子どもで愛着の絆をむすぶことに近いような気がします。幼児に対しても、感化すること、愛情を注ぐことは、教育・保育の原点と言えると思います。

自然とのふれあいと素直さ

　私のゼミでは、田んぼで米を作ったり、ジャガイモやサツマイモを栽培したりしています。築山をコスモスの咲く山にもしてしまいました。幼少期に自然とふれあうことで、体力も養うことができますが、それ以上に非認知能力も養われると考えています。

　しかし学生たちは、自然体験にあまり積極的ではありません。田植えで泥だらけになろうとしません。草むしりで汗を流すことは嫌いなようです。このような学生が、保育所に勤め、子どもたちに自然体験をさせることができるでしょうか。私は疑問を感じています。

　自然のなかで思いっきり遊び、自然体験を積極的にするなかで、子どもたちはたくましくなるとともに、素直さも養われます。このような活動を推進するには、まずは保育者自身が自然体験を楽しめなくてはいけません。保育者を夢見る学生や若手保育者には、自然とのふれあいをお勧めします。きっと、自然に素直な気持ちとなって、子どもたちとのふれあいにも役立つはずです。

保育所に行きたくて仕方がない

　幼児に行きたいところを聞いて、それは園であると答えてくれたら、保育者はこの上ない喜びを感じることでしょう。園には、自分に寄り添ってくれる先生がいて、とっても仲良しの友達がいる。毎日の遊びが何といっても楽しすぎる。園はそんな存在であってほしいと思います。

　私は、不登校の予防について研究していますが、そんな園で育っている子は、登園を渋ることはありえません。これからの学校生活においても不登校の状態に陥ることもないと思います。保育者の皆さん、園にしっかりと子どもを引きつけていきましょう。まずは、先生自身が園に魅力を感じ、園での仕事が楽しくて仕方ないようにしようではありませんか。私は、中学校教員としてスタートを切ったときに、何でこんなに楽しく学校で過ごせるのに、給料をいただくことができるんだろうと、本気で考えたことがありました。その後の 40 年は、山あり谷ありでしたが、先生という仕事

に就いたおかげで、かけがえのない教え子と会うことができました。子どもたちとふれあい、充実した日々を過ごすことができました。それは、私を支えてくれた多くの人たちがいたからです。誰かが助けてくれたのです。

　最後にもう一度、後藤静香氏の「本気」という詩を詠んでみます。「本気ですれば大抵のことはできる／本気ですれば何でもおもしろい／本気でしていると誰かが助けてくれる」。

　この詩には更に続きがあります。

「人間を幸せにするために／本気ではたらいているものは／みんな幸福で／みんなえらい」。

　皆さんは、子どもに寄り添い、子どもの幸せのために尽くす、尊い仕事についていることに自信をもっていただきたいと思います。

【参考図書】

原口政明「なぜ発達障害の子どもに意欲をはぐくむことが特に大切なのか」『指導と評価』823号、32-34頁、2023年6月。

米澤好史『やさしくわかる！愛着障害』ほんの森出版、2018年。

小林正幸・橋本創一・松尾直博『教師のための学校カウンセリング』有斐閣アルマ、2008年。

平井信義『しつけと親子関係』主婦の友社、1981年。

社会福祉法人なでしこ会なでしこ保育園『保育ハンドブック1　かわいがり保育』大修館書店、2018年。

社会福祉法人なでしこ会なでしこ保育園『保育ハンドブック2　よりそい保育』大修館書店、2018年。

諸富祥彦・冨田久枝『保育現場で使えるカウンセリング・テクニック』ぎょうせい、2015年。

矢野善教[1]（作新学院大学女子短期大学部）

私は保育者養成校に勤務しており、保育園・幼稚園・認定こども園への巡回相談・コンサルテーションを担当させていただいています。そのような仕事を担当するなかで、保育者と子どもの心と心のふれあいは子どもの発達（大人とかかわるスキルの形成や愛着の形成、情緒的な交流）に重要なかかわりであると感じています。

理由を聞く時間を作る

保育者は子どもとの信頼関係を築くために時間をかける必要があります。重要なことは、子どもが保育者に対して安心感を得られ、自分の感情や考えをシェアできる環境を提供し、その上で、子どもの感情や視点に共感し、理解しようと努力することです。

子どもが感情的なサポートが必要な場合、保育者は共感的な姿勢を示し、感情を受け入れます。子どもが設定保育中に逸脱した行動（離席したり、奇声を上げたりするなど）をした場合、なぜそのような行動をしているのか理由を聴くことにより、行動の理由がわかります。その行動の理由を確認することにより、子どもの気持ちを理解することができます。そのためには、保育者は子どもの話に注意深く耳を傾け、子どもが自分の考えや感情を表現できるようにサポートすることが必要です。保育者が、子どもが話す前に話し出したり、早口であったりした場合には、子どもは話す気持ちを失ってしまうかもしれません。短い時間でもよいので、じっくりと話す機会を作ることも必要なことです。子どもの発言を尊重し、真剣に受け止めてあげましょう。

子どもも困っている

子どもは一人ひとり異なり、様々な個性があります。保育者が"困ったな"と感じる子どもは、子ども自身も"どうして伝わらないんだろう"と困っています。そのような子どもの個性を尊重しつつ、子ども同士のかかわりや子どもの学びをサポートし、生活スキルの向上をどのように実施していくのか考えることが重要です。一人ひとりの個性を大事にすることは「個別性」につながり、オーダーメイドなかかわりとなります。そのかかわりによって、子どもの様々なスキルを向上させることができるので、子どもの

1　（やの・よしのり）作新学院大学女子短期大学部幼児教育科准教授。上越教育大学大学院学校教育研究科学校教育専攻臨床心理学コース修了。教育相談、スクールソーシャルワーク、特別支援教育巡回相談などを 10 年間実践。公認心理師、社会福祉士、保育士。専門は、特別支援教育、臨床心理学。

行動を見ながら、子どもの気持ちに寄り添ってあげましょう。

　保育者の心と心のふれあいは、子どもの健康的な発達と幸福感に大きな影響を与えます。保育者が子どもに対して愛情、尊重、理解を示し、安全な環境を提供することで、子どもの成長と幸福に寄与するのです。私も子どもとかかわるときに気をつけていきたいと考えています。

第4章　挑戦——本気で遊ぶ、子どもから学ぶ

久米　隼[1]

1.「遊ぶ」ということ

「皆さんは遊んだことはありますか？」

　これまで授業や「遊ぶ」をテーマにお話をさせていただく機会をいただいた際には、必ずこの質問をしています。「遊んだことありません！」と答えた人は、今のところ誰一人としていません。

　本書を読まれている方の多くは、保育者・教育者をめざして学んでいる（もしくは現場で活動している方々）と思いますが、子どものことを学ぶなかで、大学等で学んだり、演習で実践してみたり、保育所や幼稚園等では子どもたちが遊ぶ場面を見かけないことはないかと思います。

　保育所の保育内容や保育に関する考え方を定めた保育所保育指針では、遊びを「発達の基礎を培う学習」として位置づけ、乳幼児期であれば「乳幼児期にふさわしい体験が得られるように、生活や遊びを通して総合的に保育すること」など、遊びが保育所で過ごす子どもたちの中心となっています。

　当然のようにも思える「遊ぶ」という営みですが、現代社会において危機的状況にあるということはご存知でしょうか。誰もが経験していることであるからこそ、当然のようにも思われてしまい、危機が見過ごされがちなのかもしれません。

　本章では、子どもから「遊ぶ」ことの大切さを学んだエピソードなども踏まえて、一緒に考えていく機会にしたいと思います。

1　（くめ・はやと）➡ p. 172

2.「遊ぶ」を考える

遊ぶことは生きることそのもの。

子どもの育ちにおいて「遊ぶ」という活動は欠かせないものです。保育者や教育者をめざしている学生の皆さん、または保育や幼児教育に携わる皆さんであれば、多くの人が「なんとなく」はわかっているのではないかと思います。

本章は、その「なんとなく」を考えてきたいと思いますが、一つの参考に、私は、遊ぶことの重要性を「子どもにとって、遊ぶことは生きることそのもの」と表現しています。生活が「生」きるための「活」動という意味であるならば、遊ぶことは子どもの生活そのものであると考えているからです。子どもの生活を見ていても、睡眠時間等を除いて、それ以外の多くの時間を遊ぶことに費やしているといっても過言ではないでしょう（もしかしたら寝ている間も、夢のなかで遊んでいるかもしれません）。

そして子どもは遊びながら自ら「挑戦」し、成長しています。例えば、一緒に遊ぶ友達や大人とのかかわりといった、遊びを通した関係づくりや、自分の思い描いたイメージをカタチにしていく遊び。そのなかで、子どもなりに大きなこと・小さなことに挑戦していきます。そこで成功したときの達成感、逆に失敗したときの悔しいと思う気持ちなど、遊びを通した多くの体験とともに、そこで得られる学びも含めて、遊びは欠かすことのできない「生活」の一部であり、成長の意味でも、とても重要な役割を果たしているのです。

しかし、そこで気をつけなければならないのは、子どもは「学ぶ」ために「遊ぶ」わけではないということです。

子どもは「遊ぶ」ことを通して多くのことを体験しますが、遊ぶことで得られた体験が、結果的に学びにつながっていくのであり、例えば「コミュニケーション能力を高めたいから遊んでいる」ということではありません。「遊ぶ」ことを通して身についていく力はたくさんありますが、それは「学

ぶ」ためではなく、のびのびと思いっきり「遊ぶ」ことで得られる力です。

　古代ギリシャの哲学者プラトンは「子どもたちを学習させながら育てるにあたって、自由に遊ばせるかたちをとらなければならない」という言葉を残しています。「学ぶ」ために「遊ぶ」のではなく、「遊ぶ」ことを通して「学ぶ」こと、すなわち子どもが自ら自由に遊ぶこと、そして遊ぶという子どもなりの「挑戦」の機会こそが、子ども自身が育っていく糧になるのではないでしょうか。

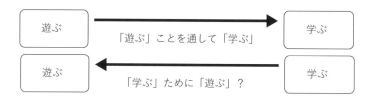

　このように、よく「遊ぶことの大切さ」に関連するお話をすると、保護者から「遊ぶ時間を〇分確保すればよいですか」「遊ぶ道具は何を買えばよいですか」といった質問をいただきます。しかし、〇分では足りないとか、〇時間以上ということではありませんし、必ずしも玩具や遊具が必要というわけでもありません。ゆとりある時間や豊かな環境においては、より多くの遊びが生まれる可能性もありますし、そのことが結果的に「挑戦」につながりますが、限られた時間でどうやって遊ぶことができるか、もっている道具だけでどうやって遊ぶかを考えて工夫することも、子どもなりの「挑戦」です。

「学ぶ」ために「遊ぶ」となると、遊ぶことがあくまでも学びの手法になってしまいます。遊ぶことは手法ではなく、「生きることそのもの」なのです。

　我が国の保育に関する研究者によれば、例えば東基吉[2]（1872-1958）は、「子どもが主体的に遊ぶ」ことを重視した保育を早くから提唱しています。教師主体または学問体系主体」の遊びではなく、「子どもの主体的・自発的」

2　今でいう積み木等の教具を当時は「恩物」といい、この恩物を使うことが理想の保育とされていた。これを形式的な「恩物中心主義」という。東基吉は、そうではなく「子どもの主体性を重視する遊び」を重視した保育の重要性を説いたとされている。

な遊びを尊重しようとしたのです。つまり、「○○力を身につけさせたい」という教師の思いが優先される活動や、「○○性を身につけるには遊びがよいから、遊びをする」と教科書に書いてあることを実践するということではないということです。もちろん、そういった考えが無意味というわけではなく、子どもの興味や関心などを尊重し、「遊ぶ」ことを「支える」のが大人の役割として大事だということです。

　そのためには、ある程度の時間や空間そして仲間（これら３つの間をあわせて「三間」と言われています）が必要でしょう。この時間・空間・仲間に「ゆとり」という意味での「あそび」が無ければ、遊ぶことはできません。遊ぶ際に時には遊具や玩具、工具などが必要な場面もあるかもしれませんが、その遊具や玩具を使う時間・空間・仲間がなければ、どんな楽しい遊具や玩具があったとしても遊ぶことができません。

　保育者として、もしくは保護者として、子どもの「遊ぶ」を支えるために大切なことは、園や地域で子どもたちが自由に遊び育つ豊かな環境をつくることであり、そのことが子どもたちの生活を支え、遊ぶことで学び、自らを成長させていくということを忘れてはなりません。

遊びは「第一に自由」

「遊びを通した成長」については保育関係のテキストの多くで論述されていますので、具体的なことはそちらへお譲りすることとしますが、本書で皆さんにお伝えしたいことは、「遊ぶ」ということが目的になっていないかという点です。

　近年、特に「遊びが大切」と注目をされるようになってきました。「遊ぶ」という活動そのものに関心が向けられることはよいことであると思いつつも、誤った受け止め方をされ、「遊ぶ」ことが目的になっていないかと危機感を覚えます。

　つまり、"子どもが"遊ぶことで成長するのではなく、"大人が"子どもを成長させるために遊ばせる、という考えになってしまうと、遊びの主役は「子ども」ではなく保護者や保育者等の「大人」になってしまいますし、

「子どもの成長」が目的であるために、本来自由な遊びそのものがつまらなくなってしまいかねないのです。

　オランダの歴史学者であるヨハン・ホイジンガ（Johan Huizinga, 1872-1945）は、遊びについて、「なによりもまず第一に自由な行為」であると、著書『ホモ・ルーデンス』で述べています。この言葉が示しているように、遊びは義務のようになったり強制されたりするものではなく、子どもの「主体性」が尊重される活動です。何をするかは「自由」であることが重要な要素の一つであるといえるでしょう。

「自由」だからこそ、子どもたちがそれぞれ何をして遊ぼうか自分で考えます。その日の天候によっても変わるでしょうし、気になったこと、やってみたいなと思ったことから何して遊ぼうかと、子ども自身が考えて、遊びを展開していきます。遊んでいるなかで、虫がいたら虫捕りに変化したり、走っていて砂場の近くにいったら泥だんごづくりに変化したり、子どもの関心は刻々と変化していきます。ときには「今日は遊ぶ気分ではない」ということもあると思います。それも含めて、「子どもが主体」であると同時に「自由」な活動でなければならないでしょう。

遊びを支える「三間」

　子どもの主体的で自由な遊びを支えるためには、前述の通り「時間・空間・仲間」が必要とされ、3つの間をあわせた「三間（さんま）」の重要性が指摘されています。

①時間

　皆さんも同じだと思いますが、遊ぶためにはある程度ゆったりとした時間が必要です。子どもたちの生活を見たとき、遊ぶ時間がどのぐらいあるでしょうか。大人に負けず忙しくしている子どもや「今日は〇〇があるから遊べない」と、余裕をなくしている状況があるかもしれません。

②空間

　遊ぶためには場所も必要です。保育所や幼稚園の園庭も子どもたちにとって絶好の遊び場です。しかし、園庭だけに限ることはありません。ゆっ

たりと広いスペース、自然は、子どもにとって「大冒険」や「新たな発見」「挑戦」といった子どもの遊びをさらに豊かにしていきます。すぐに園庭を広くするなどは現実的ではないと思いますので、地域の公園などを用いることもよいでしょう。

③仲間

　子どもたちは、友達と一緒に遊びながら人と人との関係づくりを学んでいきます。子ども同士もそうですが、大人との関係も大切です。子どもの遊びを否定するのではなく、むしろ応援できる大人がいてこそ、子どもは遊びに夢中になれます。幅広く仲間をつくっていくことが遊びを支えることにつながります。ここでいう「大人」には、保育者はもちろん、保護者や地域住民、ご近所さんといった地域の方々なども含まれます。

　これらは子どもだけが努力して得られるものではありません。三間に関する問題は、むしろ大人のチカラが必要です。大人自身が理解して取り組み、ゆとりある時間・空間・仲間という環境が整うことで、子どもの「遊ぶ」が生まれます。

　最近は、いわゆる若者言葉に「タイパ」という言葉があるそうです。現代社会の忙しさゆえに、時間的な効率（タイム・パフォーマンス）が現代社会における物事の判断基準の一つになっているということを耳にしました。

　現代社会を生きる大人からすれば、遊びは非効率的かもしれません。泥だんごをつくらなくても本物の美味しいお団子は売っていますし、時には全身着替えなければならない泥遊びでなくとも、ホームセンターなどでも簡単に手に入る粘土ならばさほど汚れません。お花もわざわざ野山まで行かなくても、生花店に行けば手に入るでしょう。

　大人からみれば効率的ではないかもしれない遊びの意義を理解するためには、現代の忙しすぎる状況と切り離して考えなければなりません。まず、大人自身がゆったりとした時間、豊かな空間、たくさんの仲間をつくることが必要です。大人が忙しすぎて「時間・空間・仲間」を失っていては、

子どもの遊びを支えることはできません。子どもの遊ぶ環境は、子どもと一緒に「大人が」整える努力をしなければ整うことはないともいえます。「遊ぶ」という当然のようにも思える営みは、現代社会において危機的状況であり、「子どもは遊んで当然」ではなくなってきているのです。

遊ぶ過程（プロセス）を一緒に楽しむ

　遊ぶ主役が子どもである以上、大人が考えるような明確なゴールは無いかもしれません。ただ「気になるだけ」で遊んでいることもあるでしょうし、「やってみたかった」でも遊びは成り立ちます。

　または、子ども自身が途中でゴールを変えながら遊ぶこともあります。最初は砂場でお山をつくる遊びをしていたら、お山をつくるために掘った部分に興味が湧き、いつのまにか、山よりも掘った穴に気が向いて「池づくり」に変わっていたり、ボールを投げて遊んでいたら、途中で蹴る遊びに変わっていたりします。子どもは非常に柔軟性に長けているともいえますし、ゴールに達するよりも、その過程（プロセス）を楽しんでいるのが遊びともいえるかもしれません。このように、子どもにとって「遊ぶ」というその活動そのものが大切なのです。

　遊ぶという営みのなかには、自分の思いを主張したり誰かに伝えたりする力や、友達と役割分担や、なにかの役になりきったり、ときには必要な道具や材料を探したり、必要なものをつくったりする過程（プロセス）も含まれています。

　読者の皆さんは、ショッピングに遊びに行ったり、ときにはテーマパーク等にお友達等と出かけたりすることもあるでしょう。そのとき、ご自身の指導を受けている大学等の先生や親など、他の誰かに強制されて遊びに行ったりするでしょうか。そのショッピングやお出かけが「強制されたもの」ではなく、気のあう友達と一緒に「どこへ行こうかな」と悩むところからはじまり、一緒に調べたりチケットを購入したりするなど必要な準備をして、好きなところへ行くという楽しさこそ「遊び」ではないでしょうか。

前述のヨハン・ホイジンガは、「命令された遊びは、もはや遊びではない」と明確に訴えています。誰かに言われて遊ぶのではなく、子どもながらの純粋な「やってみたい！」という気持ちなどが優先されるべきとも言えます。

　保育者や保護者は、子どもが「やってみたい！」と思うような仕掛けをつくって、遊びを促していくことは必要でしょう。「やってみなさい」ではなく、子どもが自ら「やってみたい」と思えるような環境づくりです。

　例えば、自分より年上のお兄さん・お姉さんが大きな木に登っている姿を見て「ぼくも（わたしも）登ってみたい」と思うこと、「大きくなったら、あそこまで登れるようになるんだ」と夢を描くことが成長につながります。いわゆる縦割り保育（異年齢保育）の意義もその一つともいえます。「見ながらやり方を覚えてごらん」という言葉かけは必要が無いのかもしれません。多くの子どもは、真似をするということを通して覚えていきます。いつの間にか習得している「言語」はその最たるものです。小学校の国語の時間で文法やイントネーションを習う前に、多くの子どもは親や保育者などの話している言葉を真似して覚えていきます。同じように、木登りも「やってみたい」と思ったときには真似をして登り方を覚えようとします。保育者や保護者は、滑落しそうなど危険なときには速やかにフォローをしますが、そうでなければ安全を確認しつつ、その様子を見守る姿勢に徹したいものです。

真似をするからこそ、大人が「本気」で「全力」で遊ぶ

　保育所や幼稚園で子どもたちの様子を見ていると、常に「大人の顔色」を意識しながら行動する子どもたちが多くいます。

　よく保育の現場に足を運びますが、「自由に遊んでいいよ！」という保育者の言葉がけに「先生、○○していいですか？」と一つ一つ細かく確認をしてくる子どもや、「好きな色を使った塗り絵」でも、先生が見本を示さないと真似できないのか、色を塗ることを躊躇する子どもがいます。

　実習先や保育の現場で活動されている方は、ご自身の保育の現場の様子

はいかがでしょうか。そうした子どもは決して少なくないように思います。

　こういった場面から言動や養育環境を指摘・改善することもできるかもしれませんが、どうしても時間を要します。大人であれば「次回までに」ができるかもしません が、今目の前にいる子どもにとって、かけがえのない幼少期の非常に限られた時間にある、大切な「遊ぶ」という時間です。

　そこで、「（どうしても）真似をする」子どもの特性を生かしてはいかがでしょうか。つまり、保育者が思いっきり遊ぶことで、それを真似して子どもも「思いっきり」遊ぶことができるようになっていくということです。

　そのためには、保育者が「本気」で遊ぶことが大切です。保育の専門用語に「人的環境」という語句がありますが、保育者も大事な人的環境です。

　追いかけっこをするときは子どもたちと全力で走り、泥遊びをするときは本気になって、自身が泥だらけになって遊ぶ。

　現代を生きる子どもたちは、敏感に大人の様子を感じながら、そして大人の顔色や様子をうかがいながら生活をしている現状があります。「本気」で「全力」で、そして大いに「楽しむ」保育者がいると、子どもたちは「遊んでいいんだ！」と理解し、真似をするようにほんきになって遊ぶことができます。

　子どもが全力で遊ぶこと、それは大人も全力で遊ぶということではないでしょうか。

3. 子どもの挑戦から学ぶ

いいこと思いついた！

　子どもたちが遊んでいると、「いいこと思いついた！」と教えてくれたり、きれいな石や落ち葉を見つけては「いいものみつけた！」と報告してくれたりと、遊びを通して自ら学ぶ姿が見られます。

　これらは、とある公園での一場面で発した子どもの声です。小学校等の生活や理科の授業時間ではありません。子どもは自ら挑戦して、どうすれば成功するのか、イメージしたものの形になるのかを、日常の生活の遊び

を通して研究しているのです。

　子どもにとって「世紀の大発見」のような「いいこと思いついた！」も
あります。私自身、教育・研究に携わる者の端くれとして、研究活動の最
大の魅力は「発見」です。たくさんの文献を読み漁り、「これだ！」とい
うものが見つかったときの嬉しさといえば言葉には言い表せません。

　しかし、これは研究者だけの感覚ではありません。人は（おそらく）本
能的に、新たなものを見聞きすることに喜びを覚える生き物です。例えば、
皆さんが旅行に行くのはなぜでしょうか。わざわざ博物館や動物園・水族
館に行かなくても、今やインターネットで簡単に情報を得ることができま
す。しかし、わざわざ実際に自ら足を運んで、見て、聞いて、実物とふれ
あうことを、私たちは大人になっても求めています。

　実際に「触ってみたい」「つくってみたい」「見てみたい」という興味・
関心も含めた好奇心、「なぜ？」や「どうして？」という疑問、「こうやっ
てみよう」「こっちには何があるかな」という探究心や冒険心は、子ども
の育ちにつながります。保育者・教育者としてやるべきことは、子どもが
疑問を感じられるようにすることや、「やってみたい」と思うような環境
を整えていくこと。ゴールを示すのではなく、小さくても自らが考えたり、
想像したりする場面から、興味や関心を導いていくことなのです。

なんか楽しい

「なんか楽しい」これは、とある現場で実際に子どもが発した一言です。「何
が楽しかったの？」と聞いても「ぜんぶ楽しかった」と返事がかえってき
ます。この言葉にハッとさせられました。つまり、子どもにとって「やっ
てみたい！」ということができれば楽しく、なにが楽しかったのか具体的
に示すものがなくとも、「なにか」が楽しめればそれで十分満足なのです。
言葉に言い表せなくとも、その「なんか」が「楽しい」ということを感じ
ることが一つの成長の段階ともいえます。

　スコットランドで最も歴史のある名門大学セント・アンドリューズ大学
の学長を務めたキャサリン・ホワイトホーン（Katharine Elizabeth

Whitehorn, 1928-2021) は、「あらゆることの目的は、きちんと完成することではなくて、豊富を経験することである」（アレン 2009）という言葉を残しました。子どもにとって遊びとは、「なんか楽しい」という言葉につまっているのではないでしょうか。

　例えば、実習や実際の現場において、外遊びの指導案をつくったとします。子どもたちに伝えたい目標を立てて実践したとして、子どもたちから「なんか楽しかった」と感想が寄せられました。こういう時、失敗したかもしれないと考えてしまいがちですが、言葉に言い表せない「なにか（一つ以上）」の楽しさを感じられたことに変わりはありません。大人が考える以上に、子どもは多彩に遊びを展開していきます。次から次へゴールを変えていくのは、前述した通りです。これも一つの「成功」と捉えてもよいのではないでしょうか。

　このように、私たちは子どもからたくさんのことを学びます。先生も一緒になって本気で、全力で遊ぶことで、互いに学び、ともに成長していくのが遊びなのかもしれません。

あほみたいな遊び

　ここまで、「遊ぶ」をテーマにして書き記してきました。最後に、一つだけお伝えしなければならないことがあります。それは虐待によってその尊い命が奪われた幼い子どもが残したメッセージの一部です。

　　これまでどれだけあほみたいにあそんでいたか
　　あそぶってあほみたいなことやめるので
　　もうぜったいぜったいやらないからね
　　ぜったいぜったいやくそくします

　このメッセージは、親によるネグレクト（育児放棄）の状況下で、激しい暴力に怯え、耐えてきた、わずか5歳という幼い子どもが、親に反省文のように書かされていたとされるノートに書き記されたものの一部です。

遊ぶことを「あほみたいなこと」と教えられていた様子や、遊ぶという、子どもにとって「生きることそのもの」を否定され、絶対に遊ばない、絶対、絶対、絶対と繰り返し約束をしなければならなかった状況。私たちはこのわずか5歳の幼き子どものメッセージをどのように受け止め、これからの「遊ぶ」を考えていけばよいのでしょうか。

あえて多くは書かないことにします。

当たり前かもしれない、けれども当たり前ではなくなっている子どもの「遊ぶ」と、しっかり向き合う保育者・教育者であってほしいと心から願っています。

4.「本気で遊ぶ」は保育の根幹

本章では「本気で遊ぶ、子どもから学ぶ」について論じてきました。これから保育・幼児教育の専門職になるという方にとっては（これは他の専門職でも言えることですが）、「基礎・基本」がしっかり身についていることが最も大切です。

高度な援助技術の手法や指導法を身につけていたとしても、難易度の高いピアノの演奏ができたとしても、基礎・基本が揺らいでいては、その技術力や指導方法を活かすことはできません。

子どもが「遊ぶ」ということの重要性を踏まえて、「本気で遊ぶ」ことは、保育者の根幹となる部分の一つであると考えています。

ですが、残念ながらこの最も大切な部分が十分でないのもまた事実です。

とある認定こども園へ実習の巡回で訪問した際に、園長先生に実習生の様子を尋ねたところ「子どもたちの遊びに向き合う姿勢がすばらしい」と評価くださり、続けて「遊びに全力で向き合うことができる保育者こそ、保護者や子どもから信頼される保育者になるための第一歩ですから」とお話してくださったのを覚えています。

保育の現場では、日々多くの課題に直面し、余裕が無いときもあるかもしれません。保護者対応も含めて慣れない仕事の連続で、子どもと過ごす

時間も慌ただしくしてしまいがちなときもあるでしょう。

　保育者・教育者もあそび（ゆとり）が必要ですし、時には「全力で遊ぶ」ことを忘れずにいてください。

　そして、保育を学ぶ学生の皆さんは、保育の現場に行く前にたくさん遊びましょう。保育者・教育者をめざす上では、たくさんの体験をすることも大事な学びの一つです。

　その体験を、子どもたちに伝えていくことが役割なのですから。

5. これからの学びにつなげて

　たくさんの現場を見に行きましょう。

　保育現場だけではなく、ぜひ次にあげるような場所に足を運んでみてください。できれば、複数回同じ場所に行くことをおすすめします。一度だけでは天候や行事で普段の様子ではないかもしれません。回数を重ねることで子どもたちの日常的な遊びが見えてくるはずです。

①公園

　身近な公園で、子どもたちがどのように遊んでいるのか、どんな遊具があるのか、また保護者の様子などを観察してみるのもよいでしょう。本でももって、1時間でもベンチに座って様子を観察するだけでも学びになります。

・ご自身が幼い頃に楽しかった遊びは今もやっているでしょうか？（例：虫捕りや泥遊びなど……）

・現在の公園で人気の遊びは何でしょうか？（年齢によっても違うかもしれません）

・公園を利用するのは何歳ぐらいの子どもが多いのでしょうか？（そもそも子どもなのでしょうか？）

②冒険遊び場（プレーパーク）

　全国各地には冒険遊び場（プレーパーク）と呼ばれる遊び場が設置されています。冒険遊び場とは「すべての子どもが自由に遊ぶことを保障する

場所であり、子どもは遊ぶことで自ら育つという認識のもと、子どもと地域とともにつくり続けていく、屋外の遊び場」であると定義されています（梶木・久米ほか 2023：5）。

　場所ごとに展開されている遊びは異なりますが、例えば火を使って遊べるところもあれば、穴を掘ったり、木工を楽しんだり、豊かな自然を用いて夏には川遊び、冬には落ち葉でフカフカのお布団をつくったり、皆で火のまわりで暖をとりながら焼き芋を食べたりしているところもあります。

　開催場所や開催日時が日によって異なるケースや、移動型遊び場と呼ばれるタイプなどもあります。事前にインターネットなどを用いて調べた上で、訪問してみてください。特定非営利活動法人日本冒険遊び場づくり協会のウェブサイトには、開催情報（全国各地の遊び場のうち一部のみ）やさまざまな情報が掲載されています。アクセスしてみてください。

　特定非営利活動法人日本冒険遊び場づくり協会　https://bouken-asobiba.org/

③学校の校庭など

　保育所や幼稚園での生活を経て就学年齢に達した子どもは、小学校に入学します。その小学校ではどのような遊びが展開されているのでしょう。子どもの成長を考える上で、小学校での様子を学び知ることはとても重要なヒントにもなります。小学校だけでなく、地域の児童館や児童センターと呼ばれる場所や、子ども向けの図書館にもたくさんのヒントが隠れています。

たくさん遊びましょう

　保育を学ぶ学友どうしで、たくさん「遊び」を体験してみるのも大切な学びです。ご自身の幼少期に楽しかった遊びを実際にやってみるのもよし。同じように友達が楽しかった遊びを一緒にやってみることで、たくさんの幼少期の遊びを思い出してください。

　同じ遊びだとしても、呼び方が違ったりルールが違ったり、それもまた楽しいものです。「遊ぶ」に正しさはありません。違いを理解しあうことも、

遊びを通した学びの一つです。

　また、長期休暇などを活用して旅行などに行くことで、広い意味での教養を身につけることも大事です。例えば、子どもたちに「山や海で注意すること」を説明する際に、ご自身の体験などをもとにしてリアリティあふれる話ができるかもしれません。友達と旅に出かけることもよいでしょう。

　保育者・教育者自身がたくさんの文化や伝統にふれることも学びの一つです。少し時間にゆとりがある学生の間に、ぜひ思い出づくりも兼ねて、たくさん「遊ぶ」ことを通して「学ぶ」ことをお勧めしたいと思います。

【たくさんの本を読みましょう】

ここでは遊びに関する本をいくつか紹介したいと思います（引用文献・参考文献含む）。

ヨハン・ホイジンガ『ホモ・ルーデンス　文化のもつ遊びの要素についてのある定義づけの試み』講談社、2018 年。

アレン・オブ・ハートウッド卿夫人『都市の遊び場　新装版』鹿島出版会、2009 年。

梶木典子・久米 隼・古賀久貴・関戸まゆみ・三浦幸雄『遊び あふれるまちへ！── 20 年の軌跡』美巧社、2023 年。

スチュアート・ブラウン　クリストファー・ヴォーン『遊びスイッチ、オン！』バベルプレス、2013 年。

天野秀昭『よみがえる子どもの輝く笑顔』すばる舎、2011 年。

コラム 子どもの遊びと子どもの権利。子どもから学ぶということ

高祖常子[1]（認定 NPO 法人児童虐待防止全国ネットワーク）

遊ぶことは子どもの権利

筆者は NPO で虐待防止の活動をしています。2020 年 4 月の体罰禁止の法改正[2]など にもかかわらせていただきましたが[3]、虐待や体罰というのは、子どもの権利を侵害して いるものです。子どもだからと言って、叩かれたり、体罰を受けるというのは子どもの 権利、人権を侵害している行為と言えるでしょう。

日本では 2023 年にこども家庭庁がスタートし、こども基本法が施行されました。国 連子どもの権利条約は 1989 年に採択され、日本でも 1994 年に批准していますが、こ れはまったく日本のなかで浸透していませんでした。やっと子どもの権利の言葉が、こ ども基本法にも記載され、国内法となったのは画期的なことです。日本は子どもの権利 において、やっとスタートラインに立ったというところです。

子どもの遊びは、子どもの権利条約「4 つの柱」すべてにかかわりますが、特に「育 つ権利」教育を受け、休んだり、遊んだりできる、「参加する権利」自由に意見を表し たり、集まってグループを作ったり自由な活動を行ったりできること[4]にしっかりと書 かれています。

子どもの遊びに寄り添う

遊びはとても主体的なものです。

「何で遊ぼうかな」と自己決定し、「どんな風に遊ぼうかな」と考え、「こうしたらもっ と面白そう」と想像し、「友達に手伝ってもらおう」とかかわり・コミュニケーション をとっていく作業です。遊んでいるうちに崩れたり、壊れたり、うまくいかないことも

---

1 （こうそ・ときこ）認定特定非営利活動法人児童虐待防止全国ネットワーク理事。Yahoo! ニュー ス公式コメンテーター。リクルートで編集に携わった後、育児情報誌 miku 編集長として 14 年間活躍。「幼児期までの子どもの育ち部会」委員（こども家庭庁 2023 年〜）ほか国や行政 の委員を歴任。全国で講演を行っている。著書は『感情的にならない子育て』（かんき出版） ほか。

2 児童福祉法等改正法。

3 厚生労働省子ども家庭局「体罰等によらない子育ての推進に関する検討会」に構成員として 加わった。議事録は厚生労働省 WEB サイトに掲載されている。https://www.mhlw.go.jp/stf/ shingi/other-kodomo_554389_00010.html（2024/1/22 閲覧）

4 公益財団法人日本ユニセフ協会「子どもの権利条約」WEB サイト https://www.unicef.or.jp/ crc/（2024/1/22 閲覧）

たくさんあり、悔しい思いをしたり、友達とけんかすることもあります。そしてまた修正してやり直し、やっと完成することができたり、できなかったり。そんな繰り返しで、子どもはたくさんのことを学んでいきます。

　目の前に「はい遊びなさい」とおもちゃや遊具を差し出されても、遊びたくなければ遊ばないでしょうし、無理に遊んでも楽しくないかもしれません。子どもの遊びはとても主体的なもの。心と体が動く大事な時間といえるでしょう。

　そんななかで、保育者・教育者や大人は、どのようにかかわっているでしょうか。子どもの遊び、想い、発想を邪魔していないでしょうか。指示的（時には威圧的）に誘導していないでしょうか。

　児童館のある支援者がこんな話をしてくれました[5]。

「ゲーム大会をしたある日、女の子がボクのところに来たんです。

「今日も楽しかった？」と聞くと、「楽しかったよ。ゲーム大会はこれで終わり？　じゃあ、これから遊べるね」って。それを聞いてはっとしました。「子どもにとって、ボクが企画したゲーム大会は、遊びじゃなかった」と。子どもにとっては、大人がゲームや遊び方を教えて、それに合わせているに過ぎなかったんだと。

　その話を児童館の先輩にしたところ、「子どもの話をしたのって、初めてだね」って言われました。それまでは、「今日のイベントの導入は、こうしよう。これの次にこれをやって」と、企画の内容や、自分のことばかりだったなって。」

子どもとともにいるということ

　子どもが遊びのなかで見せる表情や行動、言葉に注目して、見守り寄り添っていくことが大切です。無言で遊んでいる子どもの表情を見てみると、困ったように考えていたり、集中していたり、楽しそうにしていたり、いろいろな想いが見えてくるでしょう。

　子どもの想いをキャッチし、必要なものを用意したり、提案したり……。まずは、「子どもの想いから学ぶ」ことを、第一に考えていきたいものです。

　子どもとともにいるということ。私たち大人は、特に教育者や保育者は、子どもに教えようとか、子どもをこう導こうなどと考えがちです。子どもの横にいて、子どもの想いを言葉にする手伝いをしたり、子どもが必要と思うものを集めるサポートをしたり……。大人だからと先回りしすぎず、まずは子どもの想いを起点としながら、ともにいることが大切だと思っています。

....

5　育児情報誌 miku「子どもが本気で、あそぶこと」https://www.kosodate.co.jp/miku/vol30/12_01.html（2024/2/19閲覧）

第3部

本気の保育を実現する

第5章　探究——子どもの力を信じる

花島慶子[1]

1. 子どもは素晴らしい力をもっている

　子どもは素晴らしい力をもって生まれてきます。その力を輝かせるためには、子どもの力を信じて待つこと、寄り添うこと、見守ることが重要ではないでしょうか。寄り添うということは側にいればよいということではありません。そして、見守るということは、見ていればよいということでもありません。子どもの行動にはすべて意味があります。その意味を私たち大人が勝手に判断し、意味づけしてしまうことも多いものです。

　保育現場で子どもたちと日々生活をしていると、予想もしていなかった事象にぶつかり、辛くなることもあるでしょう。どうしてよいかわからないその時だからこそ、子どもの声に耳を傾けてみましょう。「なぜ」の答えを子どもたちから聴いてみましょう。子どもの行動の「なぜ」に寄り添ってみようと思うことから、子どもの行動の後ろに隠された本当の想いや願いが見えてくるはずです。

2. 保育現場という小さな世界

　保育の現場は、施設の規模と園児の定員数によって職員の人数が決まっています。しかし大規模園においても、各教室においては担任が1名、または保育者数名で保育をすることとなります。クラス単位でみると、保育現場というのは小さな世界での勤務となります。この小さな世界のなかで元気な子どもたちと過ごすとき、何も起こらない保証はできかねます。突

然体調不良となる子ども、園庭で遊んでいるときに怪我をする子どもなど、何が起きるかわかりません。保育者の仕事は、そのようなときに柔軟な対応を求められる、そうした世界でもあるのです。

　本章では、この保育現場という小さな世界のなかで保育者として生きていくことを決めた新人保育者の皆さんに、私の保育人生での事例も交えて、応援メッセージを送ります。

今の若い人は

　保育士養成校に入学すると、多くの場合は保育士資格と幼稚園教諭免許状の取得をめざし、保育実習、施設実習、幼稚園教育実習を通じて、理論と実践の両面から学ぶことになります。私も2年間の学びを経て、卒業と同時に保育者として実習先の幼稚園に採用になりました。

　学生時代に4週間の教育実習は経験していましたが、社会人としての勤務は初めてのことばかりで、緊張の連続でした。そんな新人教師であった私が今でも忘れられない言葉のなかに、先輩教師が言われた「今の若い人は」というものがあります。

　年中3クラスの担任が先輩教師1名と新卒教師2名に決まり、いよいよ保育のスタートです。ドキドキとワクワクの毎日。繰り返される日々の教材研究、教材準備、環境構成、壁面装飾、園児とのかかわり……と、仕事は次々と降り注いできました。そんななか、ある月の会議の日、制作を決めて流れを確認したときです。私が先輩の考えとは違う提示をしてしまい、それに気づかない場面がありました。すると、先輩がいつものように「本当に今の若い人は……」と一言。それを聞いていた園長先生が、「先生。私から見たらあなただって、今の若い人よ。その言い方には気をつけて」。私は園長先生のその言葉に下を向いてしまいましたが、園長先生の視線を感じ、心からのありがとうと同時に、もう言われないように頑張ろうと思いが溢れました。

「今の若い人は」という言葉は、私が園長になったときにも心に留め置き、若いときだからこそ可能である素敵な体験を失敗とともにしてほしい、今

の時代を生きる若い人だからこそ若い保育者の意見を大切にしたい、と考える糧となりました。

実習生と常勤職員の違い

実習終了後、誰よりも先に就職先から内定をいただき、これで車の免許を取りに行けるとウキウキしていました。

実習先の子どもたちは本当に可愛く、バス当番として子どもたちを整列させた際には、バスを待つたくさんの子どもたちから「先生大好き」「先生かわいい」「明日も一緒に遊ぼうね」の言葉のシャワーをもらい、この子どもたちと一緒にいたいとの思いを強くしました。結果、責任実習を褒めていただいて内定ももらい、養成校の後半を楽しく過ごした後での就職となりました。

4月、待ちに待ったデビューの日。私の担当は年中組。3年保育のある園でした。しかし、クラスには実習でかかわった子どもは一人もいない状態。夢にまで見たかわいい実習先の子どもたちとの生活にも、就職というハードルを越えたとき、夢とは違う世界が広がりました。

実習生と常勤職員の業務内容の違いは、世間知らずの新人には厳しい現実でした。この現実こそが、社会人として賃金をいただき勤務をすることなのだとわかったのは、ずいぶん経ってからでした。当時は、学生時代の自由で無責任な生き方を思い出し、養成校時代に戻りたいと何度も思ったものです。

新人保育士の皆様も、現在少なからず私と同様の体験をしているのではないでしょうか。それでも、日々積み重ねる子どもとの歩みに休みはありません。疲れ果てて、気づくと夕飯を食べずに寝ていたという経験も何度となくあることでしょう。今は仕事に追われる日々、という方も、日々を乗り越えることで明日の自分に近づきます。保育者として、一生この生活を続けるのかと考えると気持ちが暗くなるかもしれませんが、いつまでも「新人」は通じません。子どもたちとともに、保護者を含めた周囲と連携を取りながらも、自らを高めていきましょう。そのためには、ワークライ

フバランスは大切です。気持ちをリフレッシュさせることができる時間を見つけ、大切にしてください。

子どもと一緒に遊ぶときは常に本気

　幼稚園教諭、公立保育所、株式会社の保育園、社会福祉法人の保育園、児童館、学童クラブと、子どもの世界に長年身を置いてきた私が心がけてきたことは、子どもたちとの遊びに手を抜かないということです。

　子どもの遊びは常に真剣。その真剣さが遊びを変化させ、仲間づくりに発展します。遊びを通して味わう多くの感情が子どもを成長させることは間違いありません。悔しさや嬉しさや達成感は、遊びのなかで感じる自分との戦いでもあります。自らと向き合い、遊びを発展させていく子どもたちとともに過ごすとき、相手が子どもだから手を抜こうといった考えは失礼にあたると思い、本気で向き合ってきました。

　子どもには素晴らしい力があります。けん玉、コマ回し、かるた、連続縄跳び、椅子取りゲーム、カードゲームに至るまで、夢中で遊びこんでいる子どもたちの間に入ると、ゲームの流れに乗り、子どもたちのリズムに合わせるだけで大変です。コマ回しやけん玉は、子どもたちにどうしたら技をマスターできるのかと指導を受けることとなります。そうして子どもたちと真剣に向き合うことで、一人ひとりの得意や苦手も見えてきます。子どもたちも、努力を続ける保育者を応援することで親近感が芽生えるため、子どもとの信頼関係の構築ができるのではないでしょうか。この子どもとの信頼関係の構築こそが、保護者との信頼関係の基礎を作ることを忘れてはなりません。何より、遊び込むことから見えてくる子どものもつ底力には、感動さえ覚えることとなります。

子どもが誰よりも私の一番の先生

　ある日、食事の時間に保育室を回っていると、0歳児クラスから泣き声が聞こえてきました。園長であった私は0歳児クラスに入っていきました。この時の新人保育士Cと私との会話は次の通りです。

「Aちゃんはなぜ泣いているの」

── Aちゃんは泣きながら私の顔を見る──

C保育士「いつもこの時間になると泣くのです」

「今と同じ時間にいつも泣いているの?」

C保育士「そうなんです。いつものことだから大丈夫です」

「Aちゃんお腹空いているのかな」

── Aちゃんは手を伸ばし、抱っこを求めてくる──

　さあ、いつものことだから、泣いていても大丈夫なのでしょうか。

　皆さんはどのように考えますか。問題は、どのような理由からいつもこの時間に泣くのかということです。いつも同じ時間に泣く理由をわかっているのは子どもです。

　私は、2週間分の連絡帳を横に並べ、Aちゃんのタイムスケジュールを確認しました。すると、0歳児クラスのなかで登園が一番早いにもかかわらず、月齢が高いため食事が最後であることがわかりました。育児担当で低月齢の園児から食事に入っていたため、お腹が空いているにもかかわらず、順番を待たなければならなかった状況が見えてきました。「Aちゃんお腹すいたの?」と聞くと抱っこ求めてきた、その行動が答えでした。さっそく、翌日から順番を変え食事を一番にすると、泣かなくなり、食した後はスムーズに眠れるようになりました。

　子どもの行動の「なぜ」に回答が見つかるまでには、時間がかかることもあります。それでも、子どもは答えを理解してもらえると、言葉で伝えられなくとも、何かしらの合図を送ってくれます。大人の勝手な思い込みでずっと泣かせ続けるのか、子どもの行動を解釈するためのデータを探し、子どもと対話しながら保育者が感じている「なぜ」に子どもから答えをもらうのか。皆さんはどちらを選択しますか。

　保育者の悩みに答え、あるいはヒントを出し、保育者が回答を導くまでの流れを作ってくれる「先生」は、実は子どもたちなのです。私の保育者

人生が豊かなものになったのも、子どもたちが多くを教えてくれたからでした。大人が先生として教示することを教育だと思っている人は多いものですが、子どもという素晴らしい先生がいるからこそ、保育者は専門職として成長できるのではないかと思います。大人が先生、保育者が先生なのだ、という考えを少しだけ変えてみてはいかがでしょうか。

　しかし、ここで間違わないでいただきたいのは、子どもが先生だから保育者は何もしないで見ていればよいというわけではないのです。子どもたちがより興味をもち、遊びを通して成長するために一人ひとりの「今」を理解し、次へのステップを踏み出すための環境を準備してあげることができて初めて、自らの専門性を高めることにつながるのだと思います。

3.「こんな保育がしたい」という探究

　皆さんは保育の世界にデビューして何年経過していますか。保育者になることを小さい頃から夢に見て今に至っている方も多いことと思います。では、夢を叶えて保育の世界で歩み始めた皆さんは、今どのような保育をしていますか。夢の保育を実現できていますか。

　皆さんはこれからどのような子どもたちに出会い、どのような保育を繰り広げていくのでしょうか。考えるだけでワクワクするような保育を、子どもたちとともに作っていけることを心から願ってやみません。しかし、夢の保育を形にするためには積み重ねが必要となります。ここで、私が取り組んできた保育を少しご紹介します。

子どもの声に耳を傾ける
　午睡の時間に『トム・ソーヤーの冒険』の読み聞かせを行っていた年長組での話。園庭中央にある築山を子どもたちは「トムソーヤ島」と呼ぶようになりました。トムソーヤ島には船で行かなければならないけれど、船は自分たちで作れるのだろうかという話になりました。そこで、子どもたちと船を作るための段ボールやペットボトル、紐などを集め、船の組み立

てが始まりました。

　子どもたちは集めた段ボールを、ガムテープやひもを使って船の形に整えていきます。Aくんは段ボールは紙だから水に浮かべられないのではないかと考え、ペットボトルを船の下に並べました。Bちゃんは形になってきた船にままごとの道具や人形、タオルを入れています。保育士が何を入れているのかを子どもたちに聞くと、トムソーヤ島に行ったとき、ご飯が食べられるようにお鍋やお皿などままごとの道具を入れているのだと説明してくれました。

　この船づくりが数日間続いたある日のこと、真っ黒な雲が園を覆い、大雨が降ってきました。水はけがあまりよくない園庭に、あっという間にできた水たまりは、そのうちに園庭の中心にある築山を囲み、まるで海のようになりました。

　そんな自然の変化をじっと見ていた子どもから、海ができたから、雨が止んだらトムソーヤ島に出発すると声がかかりました。翌日には雨もやみ、園庭の水たまりもなくなりました。園庭は海ではなくなりましたが、前日の大雨が作った海がどの子にも印象深かったのでしょう。誰からともなくグループの船を園庭に出し始めました。めざすは園庭中央の築山です。

　段ボールの船に各グループメンバーが乗り込み、作ったオールで園庭を漕ぎますが前には進みません。保育士がその様子を見守っていると、なんと子どもたちはすべての船を築山に向けて一直線に並べました。段ボールに乗って舟を漕いでも動かないことを理解した子どもは、手に自作のオールやオールに見立てた砂場の大型シャベル、そしてペットボトルをしっかり握って、築山までつながった船を、漕ぐ真似をしながら歩き始めました。そして築山にたどり着くと、「トムソーヤ島に到着！」と大きな声で伝え、築山から船のスタート地点までは泳ぐ真似をして帰ってきました。保育士が「帰りはなぜ船で帰ってこないの？」と聞くと、子どもたちからは「船で帰ってくるとトムソーヤ島に行く人とぶつかるから」「泳ぐのも気持ちいいよ」と答えが返ってきました。

　子どもの声に耳を傾け、子どもたちの遊びへのアイディアを見守ってい

ると、どんどん夢が広がり、日々の保育に変化が生まれます。遊びは大人の価値観では発見できない方向に進んでいきます。子どもたちがどうしてもうまくできないとき、何度チャレンジしても船の帆を立てられないとき、少しだけ手伝いをしたり提案したりしてみると、「先生はすごいね。いいアイディアだね」とお褒めの言葉が返ってきます。

　遊びを通した保育はなかなか難しいと感じる方もいるかと思いますが、子どもたちが興味をもった内容に一歩踏み込んで、遊びを一緒に探究してみましょう。そして、探究するときは子どもの傍らで、そっと子どもの声に耳を傾けてみませんか。きっと思いもよらなかった、子どもの成長を発見することとなります。そして、子どもたちとともに遊びの変化を一緒に楽しめる保育者として、子どもの姿に感動し、そっと寄り添い、子どもとともに成長できる保育者として保育を楽しんでほしいと思います。

保育という魅力的な空間演出

　保育の世界は、なんと魅力的なのでしょう。子どもたちの笑顔にあふれ、子どもたちの居場所となる空間。送迎の際には、子どもたちの言動や成長に保護者と保育者が一緒に笑いあったり、涙したり。

　保護者は、仕事が終わり急いでお迎えに来ると、玄関や保育室内でその日一日を語りあい、疲れを癒し帰宅します。帰宅すると夕食づくりや育児で大忙しとなる時間がやって来ますが、それでも保育施設の一息つけるほっとした空間のなかに身を置くことができれば、一人の親から社会人に、社会人から親に戻る時間を体感してもらえるのではないでしょうか。季節やその時々の状況に応じて魅力的な保育空間を演出する時間を、保育者自身も作ってみてはいかがでしょうか。

　空間演出の提案をしましたが、同時に、そうはいってもと反発する声が聞こえてくる思いもします。現実は日々の子どもたちとのかかわりに疲れてしまい、魅力的な仕事だと思えなくなっている保育者の方もいらっしゃることと思います。ではなぜ、保育の世界に魅力をもてなくなっているのでしょうか。遊びに夢中になっている子どもたちを大人の都合で動かす保

育をしているからかもしれません。

　保育の場は幼稚園であれ、保育所であれ、認定こども園であれ、教育の
みならず養護についても丁寧にかかわる場ではないかと思います。仕事と
子育てを両立させている方が年々多くなり、幼稚園を利用されている家庭
においても預かり保育の利用が可能となりました。子どもたちは、保育時
間に違いはありますが、家庭から離れた場所で一定時間を過ごすことにな
ります。忘れてはならないのが、子どもたちは、一番活動できる時間帯を
保育施設で過ごすということです。子どもたちも大人と同様に気持ちを切
り替えたり、リフレッシュしたり、ゴロゴロと横になりたい時間もありま
す。全員が同様にその時間を必要とするわけではありません。子どもの想
いや願いを考える時、保育施設のなかにそれぞれの子どもの居場所が環境
として構成されているとよいのではないでしょうか。

　それは理想ですという声も聞こえてきそうですが、与えられた現状の保
育施設のなかで、どうすれば癒しの空間や楽しい空間を演出できるかをワ
クワク考える、そんな日々の生活があってもよいのではないでしょうか。

　また、子どもたちや保護者のみならず、保育者自身がほっとできる空間
演出を保育施設内に整えることこそが、これからの保育者人生において大
切なのではないかと考えます。与えられた空間をどのようにリメイクして
いくか、どのようにレイアウトしていくかを考えるだけで、ワクワクしま
せんか。遊び心をもって保育を楽しめるよう、環境構成に少しだけ演出を
施してみましょう。きっと保育現場に出勤することが楽しくなり、子ども
との生活からも元気をもらえるようになるのではないでしょうか。

　環境を設定するとき、子どもたちの遊びの姿や保育者の休憩時間の姿を
観察してください。なぜそこに集まるのか、なぜそこに行きたいのか。きっ
とそこには魅力ある空間があるのだと思います。

子どもたちの発見

　子どもたちが日々生活する姿を追っていると、周囲への興味関心をもっ
て主体的にかかわっていく、その視線の輝きに大変驚かされます。また、

真面目な面持ちで何かと向き合う姿には、何がそんなにその子を惹きつけるのだろうと不思議になることがあります。子どもたちには、素晴らしい発見の力があります。大人であれば通り過ぎてしまうような本当に小さな変化にも気づき、目を丸くして近寄っていきます。私は、子どもたちが集まって覗き込んでいる場所や足を止めてじっとしている場所には必ずそっと近寄り、子どもと同じように同じ姿勢でその場に入り込みます。そして、まずは子どもの瞳の輝きを確認し、その後子どもの視線の先を追ってみます。すると、地面の一部がキラキラ光っていたり、アリたちがお菓子を運んでいたり、石の下から力強く新たな芽が出てきていたりします。

　ある子どもは、散歩のときにいつも前を通る素敵な家の玄関先に飾られているカエルの置物に名前をつけて、そのカエルに話しかけます。今日は元気がなかった、いつもと違う方向を見ていたと、その方向を覗き込む姿を見ることもあります。ある園児は電信柱に名前をつけていて、工事の日程を覚え散歩時に教えてくれます。そこには必ず、子どもが保育者に質問し、保育者が答えた内容を理解し、時には一緒に調べるなど言葉や行動での伝え合いがあります。

　こうした探究は、幼児クラスになったからできるということではありません。言葉で伝えられない乳児クラスでも、子どもと保育者との伝え合いは行われています。例えばある日の園庭。水道の蛇口を覗き込み、蛇口を指で触っては振り返り保育者の顔を見るという行動を何回も続けている0歳児がいました。その姿を見た別の0歳児クラスの園児が傍に近寄っていき、同じように蛇口の前に並びました。そして、蛇口に指を差し込むと、指先に水が一滴つきました。びっくりして水滴を振り落とすと、水滴が光りながら地面に落ちました。0歳児の2名が目を丸くして向き合い、自らの指先と、地面に落ちた一滴の水とを何度も確認しながら、水道の蛇口に残る水の発見を楽しんでいました。

4. 子どもの力を信じて保育を楽しむ

　子どもの力は偉大だと感じたことはありませんか。生まれてきた子どもたちは泣くという行為で自分の状態を周囲に知らせますが、そのうちに指差しや視線や態度で自分の思いを知らせることができるようになります。そして、首が座り、お座りができるようになり、次第と歩行が可能になります。

　ここで考えてみてください。首はこんな風に座らせて、こうやって歩いて、何かを伝えたいときには指差しするとよいなど、それらの行動は大人が教えたのでしょうか。いいえ、違いますね。子どもは大人が教えなくても、少しずつ学びながら自分の力で、興味をもったものに次々と近づきながら、自らの今の課題を乗り越えていくのです。

　子どもには生まれもった力があります。自らを伸ばそうとする力があります。保育を難しく考えずに、子どもがもっているその力を信じて保育を楽しんでみませんか。

新卒保育者からの学び

　青山にあるワタリウム美術館でレッジョ・エミリアの学び[2]の世界に関する展覧会が開催されることになりました。2011 年のことです。

　その少し前に、私は 90 名定員の認可保育園の新規開園に園長として携わることになりました。職員として集まったメンバーは私と主任の他経験者 3 名、残り 8 名は全員新卒保育士でした。開園時は 90 名まで入園児はおりませんでしたが、園長としては不安なスタートとなりました。若い先生ばかりで大丈夫であろうかと保護者の方々の心配もひとしおでしたが、そこは明るさと元気さとパワーで、日々園庭やホールを子どもたちとともに

2　イタリアの都市レッジョ・エミリアで発祥した教育方法。教育理念として 100 人子どもがいれば、100 通りの考え、表現方法があるとする「100 のことば」を掲げる。子どもが主体的に活動し、それぞれの個性を引き出すことを大切にした教育方法。

に笑顔で走り回る保育者の姿に、次第に好感をもっていただけるようになりました。

　保育が少し形になってきた頃のことです。ある会議で、若い保育者たちに、この園でどのような保育をしたいのかをまとめ、皆で話し合って、興味をもった内容から取り入れてみようと提案しました。すると、新卒の保育者からは、レッジョ・エミリアの光と影を使った保育、コーナー保育、リトミック、担当制保育など、次々とアイディアが出されました。何十年も前に保育士養成校で私が学んだ保育内容からの発展に、私も目が覚める思いでした。

　さっそく、それぞれのやりたい保育を共通理解できるようにした上で、できることから取り入れてみようということになりました。試行錯誤した結果、園の実情に合わなければ、またそこで検討すればよいとの思いで、保育内容の検討がなされました。私も園長として若い保育者たちから遅れを取ってはならないと、まずは提案された保育を調べて、学びを深めることとしました。養成校で最も新鮮な保育を学んできた新卒保育者の保育を取り入れることができれば、今を生きる子どもたちや保護者のニーズにも近づけるのではないかと感じた経験でした。

　新卒保育者は自らの発案を形にし、失敗や成功を繰り返しながら保育を組み立てていきました。傍で見守ってくださった保護者の方々も、そうした新卒の保育者の姿を見て、いつしか手を差し伸べてくれるようになり、子どもとともに成長する、子どもとともに生きる保育が誕生することとなりました。

　若い力をもった保育者が自らのやりたいことを形にできる環境があれば、常に刺激がある保育と、そこに一生懸命に向き合う新人保育者の姿が生まれます。そうした場で学べる事、学ぶことがたくさんあることを、あらためて感じた歩みでした。新人保育者の皆さんは、新しい保育の在り方を学んで社会に一歩踏み出したタイミングでこそ、自分の想いを先輩保育者たちに表現していくことができるように努力を重ねてほしいと思います。そして願わくば、新人保育者の思いに耳を傾ける施設長、主任、先輩保育者

と出会えることを願っています。

子どもの行動を観察する

　新卒保育者のA保育士はとにかく一生懸命です。自分でできる仕事はないかと常に気を配り、自ら先輩に質問をしたり、報告をしたり、相談をして日々を過ごしています。そんなA保育士が担当する1歳児クラスでの事例です。

　このクラスは、緩やかな担当制を組んでいましたが、A保育士は新人ということもあり、先輩保育士が5名担当するところ、4名の園児を担当していました。4名といえども、1歳児の行動はめまぐるしいものです。全員が同じ場所で遊ぶわけではなく、同じことに興味をもっているわけではありません。4名が同じ場所で同じことをしてくれたら保育者はその場所だけに配慮していればよいので安心かもしれません。でも子どもは一人ひとり興味をもっていることが違います。そして、生活のリズムも違います。担当の園児をどのように決めていくのかも、担任が子どもの行動を観察しながら子どもたちの月齢だけではなく、生活リズムなど多くの側面から判断していきます。生活リズムのなかでは発達の状態、月齢、登降園時間、食事の時間、一人ひとりの個性や特質、そして嬉しいとき、不安なときなどに、子どもが担当クラスのどの保育者を求めているのかを観察します。

　乳児クラスでは、多くの側面から緩やかな担当制を決めてともに過ごしていきます。これは、担当の園児以外にその他の保育者がかかわらないということではありません。担当の保育者がお休みの日も、シフトでいない時間もあります。その場合はクラス担当と連携して園児の情報を確認したサポートの職員が担当することになります。クラスの園児のことはすべてのクラスの保育者が理解したうえでの担当制なのです。

　さて、緩やかな担当制を組んで保育に取り組んでいるA保育士は、先輩に迷惑をかけないようにと夢中で保育を行っていました。そんなある日、園長である私が保育室に遊びに行くと、A保育士の担当の子どもたちが

玩具を手にもって傍にやって来ました。まだ言葉で表現できる月齢ではなかったその子と一緒に遊ぶ私に、A保育士が質問に来ました。「なぜ慶子さんは、ずっと一緒にいないのに私の担当のこの子たちが言いたいことがわかるのですか？」。

　私は、このA保育士の質問はとても素敵な気づきだと感じました。子どもは、まだ言葉を話せない段階から、言葉を理解して行動することができます。そして、自分の意図を伝達する方法をもっています。伝達方法は指差しをするなどの身振りであったり、視線であったり、近寄ってきたり、手渡ししたり、見せたりするなどの行動です。子どもと場を共有してその時の雰囲気を掴むことが重要ですが、何よりも理解してあげようとする思いをもつことで、保育者の思いが子どもに伝わります。そして、その子を見ながら、「このおもちゃを貸してくれるの？」など言葉で伝えると、子どもは頷いたり、微笑みを返してくれたり行動で示してくれます。このほんの小さなやり取りが、子どもとの信頼関係につながったり、子どもの欲求を受け止めたりと、子どもの理解につながります。保育者が子どもの非言語情報を観察して言葉に置き換え、理解する努力を続けると、子どもとのかかわりが深まり、日々の保育が楽しいものとなるのです。

　私は質問に来たA保育士に、「子どもの伝えたい思いを子どもが表情や行動で教えてくれているのを、見逃さないようにしているの。どうしてほしいのかの答えをくれるのは、いつも子どもからなのよ」と伝えました。数週間すると、A保育士が「ありがとうございます。まだ担当の子どもだけだけれど、何をしてほしいと思っているのかが少しずつわかるようになりました」と報告に来てくれました。私が「まあ素敵。何をしたの？」と聞くと、A保育士は「子どもの行動をよく見て、子どもがしてほしいと思っていることを言葉に出して聞いてみた後に、子どもの反応を見ることにしました。まだ完璧ではなく失敗することや間違ってしまうこともあるけれど、理解してあげられることが増えました」と応えました。「保育が楽しくなってきたかしら」と私が聞くと、A保育士は満面の笑みで「はい。とても」と答えてくれました。A保育士は、子どもの行動を観察す

る視点が芽生えたことから、子どもの成長や発達を感じることができるようになりました。また、子どもに学ぶ姿勢も身につけることができた、素晴らしい時間となりました。

5. 終わりなき学び

保育の世界に足を踏み入れて感じることは、「これでよい」「できた」「これで終わり」といった境地には辿り着けないということです。人と接する仕事に、学びの終わりはないということでしょうか。一人として同じ人がいないということも、終わりがない理由かもしれません。学びに終わりが見えない深い世界であるからこそ、自らを律することで、その世界がもっと広がっていくのかもしれません。

経験年数が長いからよい保育ができるのでしょうか。保育が好きだから、子どもが好きだから、よい保育者なのでしょうか。保育とは本当に奥の深い世界です。その世界を存分に堪能してみましょう。そして、未来を担い、新たな世界を作り上げる子どもたちの基礎作りを、保育者として探究してみませんか。

子どもたちのサークルタイム

皆さんは、今日の保育、そして明日の保育に、子どもたちの声を取り入れていますか。

一日のうちで子どもがもっとも活動を楽しめる時間帯を保育施設で過ごす子どもたちには、子どもたちのやりたいことや、考えていることがあります。朝、目が覚めたときに、昨日ブロックで作ったロボットが園で待っていると思ったら、子どもはワクワクと登園できるのではないでしょうか。一日の終わりにその日に手がけた作品を大切に園に残して帰宅するとき、明日はどんなふうにこの続きを作成しようかと考えているかもしれません。

今日Bちゃんと一緒に園庭で遊んだ時、秘密の場所に泥団子を隠してきたから、明日登園したらBちゃんと一緒に秘密の場所を確認しに行って、

もっと強い泥団子にしたいと考えている子もいるでしょう。その子どもの興味関心を、皆さんは保育に取り入れているでしょうか。まだまだ、私の園は一斉保育だからその日の保育は保育者主導で決まるので、子どもたちは保育者の作成した指導計画通りに行います、という声も帰って来そうな現状があるように思います。

　しかし、一斉保育の園でも子どもの自由遊びの時間は設定されていると思います。保育を計画するときには、子どもたちの興味関心を受け止め、次へのステップにつなげていることと思います。つまり、子どもの現在の興味関心を知ることこそが、生きた保育への一歩となります。

　朝の集まりや一日の振り返りを行う帰りの会の際に、クラスの子どもたちの声を聞く時間を作ってみてください。この「サークルタイム」を作ることで、子どもたちが自らの今を表現し、友達の今に興味をもち、保育者が思いもしなかった遊びへのアイディアを出してくれます。子どもが遊びを楽しむとき、大人の力が必要なときもあります。保育の今を、子どもたちの声から拾い上げ、必要な環境を予想して設定していくことで、保育者が人的環境として求められ、プロとして存在する意味も深まるように思います。

　サークルタイムを設けた最初のうちは、次々と子どもが発言し、どのように収集したらよいのか難しかったり、まったく発言できない子が出てしまったり、話がまとまらないと思います。それでも継続していくと、子ども同士が相手の話を聴いて、その遊びが自分より上手な友達のアドバイスを聞くなど、子ども同士の学びへとつながっていきます。また、保育者が感じていた園児へのイメージが大きく変わってくることもあります。年齢や発達によってもサークルタイムの時間や内容は異なってきますが、皆が円になって座り、友達全員の顔が見える状態で集まることの大切さも見えてくるのではないかと考えます。

　サークルタイムにおいては、言葉で自己を表現することが苦手な子もいます。必ず全員が集まり、自らの言葉や行動で自己表現をしなければならないと保育者が決めてしまうと、せっかくの子どもの声を聞く時間が、保

育者からやるように仕組まれた時間となってしまいます。子どもの表現方法もまた、子どもの自発的な行動なのです。集団の前では自分を表現できなかった子どもが、サークルタイムが終わった後でそっと保育者のそばに来て、話をしてくれることがあります。ぜひ、無理強いすることなく、子ども自身の思いや願いを大切に、子どもの姿を観察しながらその声を聞く努力をお願いできたらと考えます。

時代とともに変わる保育

　皆さんはきっと、こんな保育がしてみたいという思いをもって保育の世界にデビューしていることと思います。就職活動をするときにも、こんな保育がしたいと考え、園の方針や目的を調べたことでしょう。時には就職した後で、思っていた保育と違う、自分のしたかった保育ではなかったと感じる人もいることと思います。

　それでは皆さんは、どのような保育形態があるのか調べたことはありますか。恥ずかしながら長く保育現場に身を置いてきた私自身も、世界の保育、日本の保育、○○園の保育などと、保育の形をすべて理解しているわけではありません。保育の形はその園の置かれている地域の状況やその時々の社会情勢、お預かりする園児の家庭の状況、一人ひとりの園児の発達状況なども重なって、時代とともに変化するのではないかと考えています。

　保育の形は皆違っていてよいと思います。この保育がよい保育で、この保育はダメな保育と決めることはできないと思います。ただし、子どもたちが辛い思いをする保育は、保育者として行ってはいけないのではないでしょうか。では、子どもたちが辛い思いをする保育とはどのようなものでしょうか。保育者として判断するときには必ず、自分がそのような対応や行動を相手からされたらどう感じるのか、考えてほしいと思います。そして、自らがされたら嫌なことは、たとえそれが子どもの成長につながると保育者が感じることでも、やはり子どもに求めてはいけないと思います。だって、保育者自身が嫌だと感じていることなのですから。

保育者も保護者も、そして子どもたちも生きています。私たち保育者には子どもたちの生きる力の基礎を育むことが求められています。幼稚園教育要領第1章総則第2には、「幼稚園においては、生きる力の基礎を育むため、この章の第1に示す幼稚園教育の基本を踏まえ、次に掲げる資質・能力を一体的に育むよう努めるものとする」とあります。ここにある「生きる力の基礎」を育むための保育を考えるうえで大切なことは、社会の変化や、時代の変化とともに保育を見直していくことではないかと思います。コロナという時代を経験したとき、コロナだからと中止にした行事がたくさんあったのではないでしょうか。中止になった行事は、コロナが落ち着いた今、復活した保育施設も多いのではないでしょうか。そこには、ずっと続けてきた行事だから、取り組みだからという理由での復活も多いことでしょう。

　ここで考えてみましょう。なぜその行事や取り組みは必要なのでしょうか。その行事や取り組みがないと、子どもは成長しないのでしょうか。そして、その行事や取り組みがないと、保護者に園を理解してもらえないのでしょうか。コロナという時代のなかであきらめた行事や取り組みのうち、「あきらめてよかった」ものはありませんか。どうぞ全職員で、多角的な視点から保育の在り方を検討し、今を生きる子どもにとって本当に必要な「今」を検討していただきたいと思います。

　保育は時代とともに変化するものです。変化する時代に合わせて保育を変えていくことにはメリットもデメリットもありますが、この時こそチームで保育する意味が生まれてくるのではないかと考えます。未来を担う子どもたちに、昔からの保育の素晴らしさを伝えながらも、時代に即した保育に取り組んでいきたいものです。

保育者としての探究的学び

　この章をまとめるにあたり、新人保育者へ私からのお願いです。保育士養成校や国家試験で資格を取得したから保育のプロになれたわけではないことや、日々の歩みが重要なこと、何よりその現場の大変さに、皆さんが

現在一番向き合っていることと思います。なぜ子どもたちに伝わらないのだろう、なぜ保育が楽しくないのだろうなど、たくさんの思いが渦巻いていることと思います。

　保育者として歩み始めた今だから、多くの壁にぶち当たっているわけではありません。実は先輩保育者も主任も園長も、皆それぞれの壁があり、それぞれの壁を乗り越えるべく、日々に向き合っています。資格を取ってからが、長い保育者人生のスタートだということは、どなたでも理解できていることと思います。養成校の先生方から卒業時にも同様のコメントをプレゼントされた方も多いことでしょう。

　ところが、日々の忙しさに追われて、ついつい自らの学びの時間を取ることができない保育者の方々も多いことと思います。本当に時間が取れないなか、保育者の質を高める大切さを常に投げかけられる仕事です。日々の業務の大変さを理解した私から、それでも皆さんにお願いしたいことは、子どもたちの姿にどうしてだろう、なぜだろうと感じたら、幼稚園教育要領や保育所保育指針、認定こども園教育・保育要領などとともに、自らが置かれている施設の方針を学び直してほしいということです。また、養成校時代に使用していたテキストに立ち返り、日々の保育に理論を組み合わせてみてください。養成校時代には理解できなかったことも、現場に出た今だからこそ理解できることがあるのではないでしょうか。

　子どもたちも、日々遊びを通して探究を繰り返しています。子どもたちに向き合うために、保育者自身も保育を追求し探究し続けてほしいと願っています。そして、保育現場の今をぜひ、保育者自身の言葉で社会に発信し、保育者の専門性への理解を求めていきましょう。先輩保育者として、これからの保育現場を支える皆さんとともに保育を探究できたら、保育士人生のまとめとして貴重な歩みになることと確信し、心からのエールを送ります。保育者自身も成長できる、実りの多い保育を継続してください。

探究心ドバドバ

青木一永[1]（社会福祉法人檸檬会）

探究心は生きるチカラ

探究心を忘れていませんか？

子どもは探究心の塊です。やってみたい、触ってみたい、いじくってみたい。自分の内側から自然と溢れ出るそうした探究心があるからこそ、「実験」しながらこの世界を確かめていきますよね。叩くと音が出る。手を離すと落ちる。ときにはうまくいかないこともあります。でも、それらすべてが経験となって世界を知り、生きるチカラを身につけていきます。

虫眼鏡で花を見ている様子

ぼくは旅館やホテルに泊まると、引き出しを開けたりクローゼットを開けたりしたくなります。そして妻から「また、やってるねー。子どもみたい」と笑われます。ぼくとしては、初めての場所なので、「何が入ってるのかな？」「ここには何があるのかな？」とワクワクするんです。

雨水のしずくを探して写真に撮ろうとしている様子

この「子どもみたい」という言葉に、多くのことが集約されています。大人になるに従って探究心がしぼんでいくような気がしません？　皆さんも子どものころは、道路の縁石の上を無意味に歩いていませんでしたか？　まさにそれは探究心からの行動。しかし大人になると、歩くこととは「目的地に行くこと」となり、わざわざ労力を使ったり危険を冒したりして縁石の上を歩くなんてことはしなくなりますよね。

泥水が次第に分離していく様子をじっと見つめる姿

---

1 （あおき・かずなが）社会福祉法人檸檬会（レイモンドほいくえん）副理事長、大阪総合保育大学非常勤講師。国家公務員として勤務後、社会福祉法人檸檬会、園長職等を経て現在副理事長として全国約80施設の運営や職員育成を行う。また大学非常勤講師として勤務するほかプロコーチとしててコーチングも行っている。

高く積もうと試行錯誤している様子

大人も探究しよう！

　保育者になるとは、探究心がドバドバ溢れる子どもたちと生活をともにし、支えていくことです。

　ここで保育者に求められるのは何でしょう？　それは、保育者自身も探究心を溢れさせること。そして、子どもの探究をともに楽しむこと。そのためには、お仕事はもちろん、プライベートでも「やってみたい！」「行ってみたい！」と思ったら、すぐに行動することが大事。そして、大人になってからの探究には「知識」も必要です。ある程度の「知識」を得るからこそ、もっと知りたくなるし、もっとやりたくなる。だからこそ、学び続ける必要があるんです。

　子どもは探究心のない大人と一緒にいてもおもしろくありません。一緒に面白がって、探究してくれる大人と一緒だからこそ、探究が深まり大きく成長していくのです。皆さん、探究心ドバドバでいきましょうね！

第6章 協働──つながりを活かすチーム園

原口政明[1]

1. 一つにまとまっている職場はいい職場

　色々な職場でお世話になってきましたが、「いい職場、悪い職場はない。とにかく、一つにまとまっている職場はいい職場だ」と実感しています。言い換えれば、「皆でまとまって笑顔で仕事に向かっている職場」は、どこも仕事に思いっきり汗を流せる、いい職場でした。

　皆さんがこれから過ごす園についても同じです。小中高等学校では、「チーム学校」の取り組みが進められています。保育の現場での「チーム園」はどうでしょうか。発達障がい児支援の巡回相談や実習巡視で、週に1〜2園、お邪魔させていただいています。公立の小中高では、どこにお邪魔させていただいても、ほぼ同様の教育が営まれています。例えば、体育の授業では、どこの学校でも、同様の活動場所で、同様の競技種目が行われ、指導方法もほぼ同質です。しかし園では、100の園があれば100の実践があります。泥んこになって遊んでいる園もあれば、見事に体操種目をこなす園、縄跳びに関しては名人級の園もあります。活動内容一つとっても千差万別ですので、園としてどのように先生方がチームを組んでいくかにも、それぞれ特色があります。組織としての園の在り方が大きく影響していると考えられます。

　この章では、保育者として、同僚や上司、保護者、地域、関係機関と、どのように「チーム園」を築いていくか考えていきます。

---

1 （はらぐち・まさあき）→ p. 172

2.「チーム園」による園組織

　中央教育審議会答申「チームとしての学校の在り方と今後の改善方策について」（平成 27 年 12 月）において、チーム学校とは、「校長のリーダーシップの下、カリキュラム、日々の教育活動、学校の資源が一体的にマネジメントされ、教職員や学校内の多様な人材が、それぞれの専門性を生かして能力を発揮し、子どもたちに必要な資質・能力を確実に身につけさせることができる学校」と定義されています。その考え方を園にも取り入れようと考えたのが、「チーム園」の造語です。なお、ここでの記述は、文部科学省著作『生徒指導提要』（令和 5 年 3 月 24 日発行）を参考にしています。

　チーム園としての保育所を実現するためには、次の 4 つの視点が必要となります。

①保育者と外部専門家との連携

②園長のリーダーシップ

③人材育成の充実と業務改善の取り組み

④保育者の同僚性

　この章では、④の保育者の同僚性を中心に、保育者としての在り方について考えていきます。園がチームとして機能するためには、保育者同士がラグビーワールドカップの代表チームのように、アワーチーム[2]でまとまることが大切です。そのためには、保育者が次のような考え方をもち、行動していくことが望まれます。

①一人で抱え込まない

　一人でやれることには限界があります。一人で仕事をこなさなくてはという思い込みを捨てて組織でかかわることで、乳幼児理解も対応も柔軟で

2　2023 年 9 月開催のラグビーワールドカップに向けて、ラグビー日本代表は、チームスローガンを「Our Team」にすることを発表した。

きめ細かいものになります。

②どんなことでも問題を全体に投げかける

　些細なことでも報告しあい、常に問題を園全体として共有する雰囲気を生み出すことが大切です。

③園長を中心に、主任等のミドルリーダーが機能するネットワークをつくる

　トップダウンのピラミッド型組織ではなく、情報の収集と伝達を円滑に進めるためのネットワークを園の内外につくることが求められます。その際、連携した行動の核となる司令塔の存在があってはじめて、役割分担に基づく対応が可能になります。

④同僚間での継続的な振り返りを大切にする

　思い込みや独善を排するためには、常に自分たちの考えや行動を自己点検する必要があります。しかし、一人で内省的に振り返りを行うことには限界があります。同僚の保育者間で継続的に振り返りを行うことで、自身の認知や行動の特性を自覚することができ、幅広い他者との協働が可能になります。

　気になる子どもを担任したり、保護者の要望を受けたりすると、保育者は一人で抱え込み、一方で本気でかかわっていこうとします。本気の気持ちは好ましいのですが、「チームの本気」を期待したいというのが私の考えです。

　チームでのよりよい連携のためには、普段から何でも言えて、協力するのが当たり前という体制づくりが大切です。昭和の時代には「飲みニケーション」という交流がありました。今は時代遅れではありますが、仲間で私的な話で盛り上がったり、仕事上の愚痴を聞いてもらったりすると、元気が出てくるものです。お茶をともにするなどして、気楽に話ができる場を作っていくことはとても大切なことです。

　学生の皆さんには、普段から多くの人とのコミュニケーションを楽しみ、ピンチの時にはSOSを受け入れてくれる人を一人でも多く作っていくこ

とをお勧めします。

3.「チーム園」の実際

保育者の悩みの現実
①同僚と話ができない

　私が担当した学生で、とても繊細で、人とのコミュニケーションに苦手意識をもつ者がいました。子どもの気持ちに共感できる、まさに保育者向きの性格ですので、子どもとの関係はとてもしっくりいっています。でも、大人とのコミュニケーション作りができず、話ができる職場の仲間ができません。どのように話しかければいいのかということにすら、悩んでしまいます。

　私は授業内でも人間関係づくりを行うなどして、コミュニケーション力を高めることを心がけています。大学生になって今さらと思われるかもしれませんが、授業内で指名された学生には仲間の前で堂々と発表できるようにさせます。内気な学生も、いつしか冗談まで言えるようになり、自分の殻を破ってくれます。私は「愉快で、役立つ」授業をめざしていますが、愉快の背景には、「学生に何でも堂々と自己表現してもらいたい」という願いがあります。

②気になる子がいてクラスがうまくまとまらない

　園への巡回相談では、クラスが突然まとまらなくなってしまったというお話をよく聞きます。クラスに配慮の必要な多動傾向のある子どもがいて、その子どもに本気でかかわっていたら、クラスの他の子どもたちまで落ち着かなくなって、クラス全体がコントロール不能になってしまったというのがよくある事例です。

　保護者は「先生の指導が悪いから、うちの子は教室を飛び出していくのだ」と訴えかけてきます。保育者としては、子どもへの指導で精一杯なのに、保護者からの非難もあり、つぶされそうになってしまいます。子どもは好きなので、仕事は絶対に辞めたくありません。でも、毎日が苦痛の連

続です。朝、家を出るまでにすごく時間がかかっています。

　こうした状況を乗り切るには、園長先生のリーダーシップで園全体がチームとなって、多動傾向のある子どもにかかわっていただきたいと思います。クラス担任は遠慮することなく、SOS を出しましょう。若手保育者が一人で乗り切れるはずがありません。

　子どもが教室を飛び出した場合、第一に考えなければならないのは子どもの安全です。安全さえ確保できていれば、少々の飛び出しは許容範囲です。バスの運転手さんとの話に夢中になることもあるでしょう。職員室でお絵描きに没頭することもあるでしょう。クラス担任は、子どもが教室を飛び出して行っても追いかけずに、クラスでの授業に集中してください。なるべく早く、クラス全体を落ち着いた雰囲気にしていくのです。多少時間はかかると思いますが、クラスが落ち着いた後に、飛び出した子どもを少しずつクラスに戻していきます。そして保護者には、その日の活動でその子ががんばったことを必ず伝えます。保護者が不安定な状況になると回復に時間がかかりますので、保護者とのかかわりも園長先生はじめチームで行っていきます。

③他の先生の役に立てない

　コロナにかかり１週間園を休んでしまいました。はじめて行事を任されたのに、何もできませんでした。就職して半年、何もわからず先生方に迷惑をかけっぱなしなのに、今回、体調のこととはいえ、さらに多大な迷惑をかけてしまいました。私は、この園では戦力になれません。ずっと病気のままで、園を休み続けたい気持ちでいっぱいです。

　この先生は学生時代から大変まじめで、何にでも本気で取り組んでいました。きっと今回のケースでも本気さが前面に出ていたのだと思います。ですが、そんなに力まなくても大丈夫です。最初から周りの同僚たちは、期待していません。たった半年の経験で、何ができるのでしょうか。皆失敗し、悩みながら一人前の保育者となっていくのです。そんなことは、園の全員が経験済みなのです。そんな内容を園長先生が本人に伝え励ましてくれたようです。その後、１歳児クラスで、子どもたちから元気をもらい、

生き生きと活動する姿が戻ってきたそうです。学生時代の親友とお茶をしながら、冗談を交えてその時の悩みを言えるまでに立ち直ったようです。

④保護者からの苦情で押しつぶされそう

　園の抱える課題で最も多いのが、保護者からの苦情ではないでしょうか。しかし、チーム園の一番の協力者になっていただきたいのが保護者です。保護者の信頼は、教師が誠意をもって寄り添うことによって得ることができます。学校に対する不満で感情的になった保護者が、一転して保育者の一番の応援団になってくれることさえあります。

　保育者は、親の興奮した場面に接することが多くあります。今、各園において保育者がいちばん労力を注いでいるのは、親とどのように協力体制を築いていくのかについてではないでしょうか。どうすれば、興奮し、動揺する親の支えになっていけるのでしょうか。

　親が興奮するのは、園において子どもに問題が生じ、その状態が一向に改善しないときです。そんなとき、親は子どもの問題の原因を保育者に求め、興奮が高まっていきます。時には、親からの最初の訴えへの対応を誤ったために問題が長期化し、訴訟にまで至るケースさえあります。たとえば、「上履きを隠された」という苦情が親からあった場合など、どこにでもあるケースと捉えてしまい、誠意ある早急な対応を怠ってはいませんか。親の要望を聞く前に「でも……」「園ではこうやった」などと、一方的に対応してしまいがちですが、親からの最初の訴えへの誠実な対応が大切です。そしてその際、園長先生を中心とするチームでかかわっていくことが一番重要です。

　問題解決に向けて誤解を避ける最良の方法は、頻繁に連絡を取り合うことです。問題への親の了解を得ることができたと安心せずに、事後の対応もきちんと行い、親との子どもの様子に関する情報交換を密にしていくことが大切です。その際も、園長先生に随時報告し、主任に助言をいただきながら対応していくことが重要です。そして、どうしてもマイナスの情報が多くなりがちですので、プラスの情報も伝えるよう心がけることが大切です。

⑤園の方針が合わない

大学の卒業生からよく聞く悩みを紹介します。

この卒業生は、学生時代から、遊びを中心とした保育に憧れていました。しかし、1年目は慣れようと夢中でやっていましたが、2年目になり疑問を感じ始めました。園は特色ある保育をしようと、行事では出来栄えを優先した練習の繰り返しです。また、英会話のレッスンや体操教室、太鼓などの指導も組み込まれています。子どもたちが自由に遊ぶ時間はほとんどない状況なのです。疑問は次第に膨れ上がってきて、職場を替えようかとも思い始めています。でも、子どもはかわいいし、保護者の理解も得られています。同僚の先生方とも仲良くやっています。子どもの好きな遊びをもとにした環境を作っていこうと相談に乗ってくれる先輩や後輩もできました。今は、理想とは程遠いのですが、同僚と子どもの遊びについて話し合うこともあります。子どもたちと遊びを楽しめるようになってきています。

このように、それぞれの園には、それぞれの方針があります。その園の伝統のようになっている場合も多いと思います。保育者同士の話し合いで、園の方針を立案し変えていくことは、とてもハードルが高いのが現実です。この卒業生のように、少しずつではありますが、同僚を巻き込んで、自分の理想に近づけようとする努力が必要だと思います。一人ではできませんので、同僚と手を取り合って、できることからやっていくといいと思います。

そうした保育者の本気の思いは子どもに伝わり、子どもの笑顔が増えていきます。この卒業生は、「子どもたちが遊びのなかで見せる笑顔から元気をもらっている」と言います。このような子どもの笑顔が園全体に広がっていくことは、とても説得力があります。保育者の考える理想と合致するまでの道のりは長いと思いますが、本気の実践で、少しずつ自分の考える保育に近づけていきたいものです。思い切って、職場を替えるのも一つの選択肢ではあると思いますが、移った先でも理想とはかけ離れた現実がいくつか顔を出してきます。仲間とともに、まずは少しずつできることから

チャレンジしてみることをお勧めします。

園長先生の考えを知る

　先日、とあるお祝いの会で隣り合わせた元園長先生のお話が印象的でしたのでお伝えします。

「保育者として一番大切なことは何ですか」とお聞きすると、その方は「人間性」と即答されました。人間性は目には見えません。ですからわかりにくいものです。広辞苑によると、「人間としての本性」「人間らしさ」だそうです。一般的には、他者への気遣いができ、思いやりのある人を指します。幼児に接する資質としてはもちろん重要ですが、職場で協働するのに欠かせない資質であることは言うまでもありません。私が管理職をさせていただいている時、組織で核になっている者は、立派な人間性を必ず兼ね備えていました。グループを温かくまとめつつ、たまにですが、言うべきことはきちんと言って、グループを前に進めていく主任層は、人間性が立派だったような気がします。

　実習巡視でお世話になったもう一人の園長先生からは、「元気さ」と「思慮深さ」が大切だとお話をいただきました。若い先生は、とにかく元気ではつらつとしていなければならない。元気であれば大抵のことは乗り越えてくれると思っているそうです。何と言っても、子どもたちがその先生に影響されてどんどん元気になっていくそうです。「思慮深さ」については、横断歩道を渡るときの手のあげ方の指導の例で説明していただきました。子どもに「手をまっすぐあげなさい」と言っても伝わりません。「腕をお耳につけて、お空まで届くように、思いっきり手を上へもっていってください」と教えるといいそうです。広辞苑では、「物事を注意深く考え、慎重に判断するさま」とありますので、私は、「大ベテランの先生が優しくゆったりと、わかりやすいお話を子どもたちにしていて、子どもたちは自然とその話に釘づけとなっている」様子を思い浮かべました。

　昔からお世話になっている、地域で指導的立場にある園長先生からは、子どもの命の大切さについてお話をいただきました。その園長先生のお母

様も園長先生だったそうで、若いころ、散歩で小川の傍らを歩くときには
いつも聞かされた話だそうです。「ここの小川では小さな泡がたくさんで
きるけど、少し流れていくとすぐ消えてしまう。同じように命もはかない
ものなので、子どもの命はしっかり守りなさいね」、「安全であるべき園で、
子どもの命が消えるようなことがあってはならない」といつも考え続けて
いるそうです。

　園長先生は、それぞれ理想とする保育方針をおもちです。そして、その
理想に向かって進んでいます。他の先生方がその方針に沿って園長先生の
意を体し、全員が同じ方向を向くことのできる園は、きっとどんなことで
も乗り越えていくことができるでしょう。意を体するとは、人の考えや気
持ちを理解し、それに従うことです。あるいは、他人の意志・意向を自分
のものとしてそれに従うことです。私は、いつも言いたいことは公の会議
の場で言うように心がけています。たとえ相手が学長先生であっても、言
いづらいことでも、言おうと思っています。その結果、考えが通らなけれ
ば従うしかありません。そして、従うからには、その考えを自分のものと
して、本気で実践に移していかなければなりません。

　若い保育者は、なかなかそこまで堂々と発言できないでしょう。園長先
生のほうも、若い者の発言をしっかり聞いてくれることは少ないかもしれ
ません。しかし、勇気を出して発せられた本気の考えが温かく受け入れら
れるような園の雰囲気を醸成していくことが、とても重要だと考えていま
す。

全教職員一丸となった実践

　私が中学校教員としてさまざまな実践から学んだことは、当たり前のこ
とを当たり前以上に、全員一丸となって実践することの大切さです。指導
はこれに尽きると考えています。

　例えば、生徒が自分の下駄箱の履物を揃えるのは当たり前のことです。
しかし、生徒全員でこれを徹底するのは実に難しいことです。実践の始め、
一部の先生が毎日下駄箱の靴を揃え続けていました。すると、その様子を

見ていた先生方は、乱れた靴を見つけるとさっと揃えるようになりました。やがて、先生方全員が靴の乱れに気づき、揃えるのが当たり前になりました。こうなると、生徒たちも当然靴を揃えざるを得なくなります。これは、中学校での実践ですが、園でも、園児全員でお行儀よく活動する場面をよく見かけます。先日、ある仏教系の幼稚園の年長クラスを参観させていただきました。朝の会はお祈りから始まりますが、だれ一人おしゃべりをせず、まさに厳粛に静まり返ったホールに、さわやかに誓いの言葉が響いていました。休憩後、トイレに行く姿にも驚かされました。子どもたちは無言で足早に向かい、ホールに戻ると静かに整列して次の活動に備えていたのです。この園では、まさに私が中学校で行っていた手法と同じように、まずは先生全員が手本を見せて、子どもたち全員が動けるように導いたのだそうです。先生方のまとまりの成果と言えます。「子どもを伸ばすためにまとまることのできる園がいい園」だと思います。

4. 組織のなかの保育者

園が一つになる体制づくり

　チームには感情があり、理性だけでは作れません。私は、42年間教育の場で働かせていただいておりますが、いつも葛藤の連続です。穏やかでいようと努力しているのですが、心のなかでは、カチンカチンと気になることばかりです。人の考えを聞いて皆で仲良く仕事をしようといつも思っていても、その気持ちを超える感情の波が押し寄せてくると、お利口な自分の考えが押し流されてしまうのです。「どう見ても公平じゃないよな」「何で私ばかり責めるんだろう」「仲間で結託しているんじゃないか」、そんな気持ちがよぎると、「協力なんかするもんか、勝手にやれば。自分は最低限の給料の仕事をするよ」そう考えるようになってしまいます。

　チームのメンバー一人ひとりも、同じように、常に理性が感情に流されてしまいそうになりながら仕事をしているのです。仕事って難しいです。思ったようにはいかないものです。そんなとき、職場に一人でも自分の考

えを聞いてくれる人がいると、少し元気が湧いてきます。そんな人に勇気を出して話を聞いてもらうといいと思います。年金を頂く年になった私が常に悩んでいるのですから、若い先生が職場の人間関係で悩まないはずがありません。誰かに助けを求めてください。きっと楽になります。

園外の専門機関との連携

　小中学校においては、いじめ、不登校、非行問題行動、虐待、ヤングケアラー、発達障がいなど、多様な背景をもつ子どもへの対応の必要性の増大から、警察、児童相談所、病院、スクールカウンセラー、スクールソーシャルワーカー、特別支援教育巡回相談員など多職種連携が必要不可欠となっています。教職員と関係機関・専門家がパートナーとして関係を築き、相互に尊重し合うことが求められます。

　園においても同様です。特に、発達障がいの早期発見・早期対応の必要性を強く感じています。巡回相談で園を回らせていただくなかでも、気になる子どもが医療機関や療育機関につながっていない事例が多く見受けられます。早期に対応することで、子どもの置かれている状況が劇的に変化する事例にも多く接しています。

　また、虐待事例での対応も多くなってきているようです。ここでは、児童相談所や市町の家庭児童相談室との連携も必要になっています。保育者は、子どもの近くで長い時間を過ごす、最も虐待の兆しに気づきやすい存在です。保育者が子どもの虐待にいち早く気づき、関係機関と連携し、大切な子どもたちを守っていかなければなりません。

5.3 法令の改訂（改定）とチーム園

　幼稚園教育要領、保育所保育指針、幼保連携型認定こども園教育・保育要領の改訂（改定）のキーポイントの一つに、カリキュラム・マネジメントがあります。

　カリキュラムとは、「幼稚園教育要領第1章」に書かれている「全体的

な計画」と「指導計画」を合わせたものです。園での教育では小学校のように教科書がありませんので、環境を通して行うのが基本です。しかし各園の環境はさまざまですので、それぞれの園の子どもの姿や環境の実態に照らし合わせて、実現可能な指導計画を考え、質の高い幼児教育を行っていくカリキュラム・マネジメントが大切になります。子どもの姿や園の環境から教育課程を編成していくことにこそ、チーム園になっていきたいものです。

　実際に、カリキュラム・マネジメントを考える時に注目しなければならないのは次のことです。すなわち、3法令が改訂（改定）されて、「幼稚園、保育所、認定こども園で行う幼児教育を一緒の方向にしていく」ことと、「幼児教育が小学校へとつながっていくこと」の2つが実現しましたので、保育者は園全体でこの2点を共通理解していかなければならないのです。

　1点目として、今まで3園でばらばらだった3歳から5歳の幼児教育において、1日4時間程度の共通の教育を行うことになりました。これにより、100園あれば100の教育・保育があったバラバラな状況が日本中で改善されて、チーム園としてまとまりやすくなったといえます。また、チーム園でまとまらないと、これを達成できないとも言えます。

　2点目として、小学校に上がってきた子どもが、どの幼稚園・保育所・認定こども園から来ても、一定の力をもっているようにするために、「幼児期の終わりまでに育ってほしい姿」が示されました。3園が共通してそうした姿の子どもを育て、責任をもって小学校に送り出すことが要求されますので、やはりこの点でもチーム園でまとまりやすくなったといえます。

　また、これを受けて小学校でも「スタートカリキュラム」によって、責任をもって子どもを伸ばしていくことが要求されています。なお一層の3園と小学校の連携が要求されます。まさに、3園と小学校とのチーム園・学校で一体となった取り組みが要求されるのです。保育者の皆さんは、この改訂（改定）の趣旨を実現させるために、小学校と連携していくことこそ、連携の要であると強く認識していかなければなりません。

6. 保育者への願い

夕暮れの担任クラス

　子どもたちが皆帰宅した夕暮れ時の教室で、その担任の先生はいつも穏やかな時間を過ごします。受けもっている子ども一人ひとりとの、今日一日のふれあいを思い出すのです。静まり返った教室で、今日の子どもたちとの出来事、一人ひとりの子どものこと、子どもとの遊びのことなどをゆっくり思い出します。

　この教室でのひと時は、クラス経営への効果が絶大であると思っています。その時間、先生は教室全体の乱れから子どもたちの心の乱れはなかったか考えます。机の上の汚れから、その子の今日の生活ぶりを考えます。道具箱の整理されている様子から、その子の日頃の生活ぶりがわかります。掲示物の乱れはないか、子どもたちのかわいい絵を見ながらチェックします。

　彼女は教室に入ると、バラバラな机の位置を揃えます。揃えながら、一人ひとりの顔や声、今日あったことなどを自然に思い出すと言います。この一人ひとりの子どもとの無言の会話が大切だと思っています。会話は、座席を一人ひとり確認しながら始まります。「○○くんと○○くんはけんかしていたな」「○○さんはおもらししてしまったな」「○○さんは給食を半分残していたな」「○○くんは朝お母さんと別れる時に大泣きしていたな」。このような、担任一人ひとりによるきめ細かな子ども理解が、チーム園を推進する上での基盤となっていると思っています。保育者全員がチーム園としてこのような姿勢で仕事に臨んでいる園に、問題が起こるはずがありません。そこは、きっと子どもたちが笑顔で毎日過ごすことのできる園となっていることでしょう。

愛あふれる園

　私は30歳半ばの頃、1年間中学校を休み、県立の教育相談センターで

カウンセリングの勉強をしていました。その時、指導教官からいただいたのが「和顔愛語」の額です。「和顔愛語」とは、お経にある言葉で、おだやかな笑顔と思いやりのある話し方で人に接することだそうです。私は、教育や保育の活動のなかで、「愛」こそ特に大切にしなくてはならないものだと思っています。園は、子どもたちが安心して健やかに成長できる、愛で満ち満ちたところでなければなりません。「愛」にあふれる当たり前の園にするため、園では、全員で共通理解を図り、指導体制を確実に整えていかなければなりません。

公立学校の採用試験の面接官をさせていただいたことがありますが、その際、自然に笑顔が出せる人と、どうしても笑顔になれない人がいるとつくづく感じさせられました。子どもと日々接する保育者は、子どもに安心を与える存在ですので、「和顔愛語」で接していく必要があります。職場で、チーム園の潤滑油になるのが「和顔愛語」だと思います。互いを敬い、笑顔あふれる楽しい職場にしていきたいものです。

園長先生には体を張って部下を守っていただきたい

組織では、上の者がやらなければ、誰もやりません。園長の仕事は命がけです。「いつもニコニコ汗流す」は、私が中学校の校長をしている時にいつも言っていた言葉です。上の者は、顔では笑っていますが、いつも冷や汗の連続です。また、何か起これはまず汗をかいてすぐに動かなければなりません。

保育者が子どものことを評価するのと同じで、園長先生は部下の保育者から常に評価を受けていることを忘れてはなりません。私は、中学校での平教員、行政機関での中間管理職、校長、そして今は大学での平教員をしています。特に、管理職を終えた後の平教員としての生活は、この年をして考えさせられることが多く、大いに勉強になっています。ここでは、平教員として考える理想の管理職を考えてみました。もし、皆さんの園の上司が、この理想とかけ離れているとしたら、あなたが悪いのではなく、上司が悪いのだと思ってください。自分を卑下する必要はありません。どう

しても許せないようなら、堂々と転園してもいいのではないでしょうか。待ってくれている園はたくさんあります。

さて、私の考える理想の上司を4つ示します。

①尊敬できる上司

②えこひいきしない上司

③キャリア形成を助けてくれる上司

④健康に明るく仕事をさせてくれる上司

まず、1つ目の尊敬できる上司ですが、部下の気持ちがわかるということがとても大切だと思います。私は今まで、15人の組織の長から教えを受けてきました。また、長として数百人の部下から学ばせてもらいました。そのような経験から、本音でわかりやすく、また好意をもっていると感じられるように接してくれる、そして部下の気持ちを自分のことのように感じてくれる上司を尊敬してきました。

皆さんも、尊敬できる上司と出会い、多くの学びを得ていくことを願っています。あいにく出会えなくても、それも自分を高めるための勉強となりますので、メンタルをやられない程度に働いてみてください。

2つ目は、えこひいきしない上司です。私が勤務していたのは公立学校なので、すべてが法や規則・規定で動いています。したがって、部下への扱いは公平公正であったように感じます。ところが、私立の園では、理事長や園長の考えですべてが決まっていきます。例えば、給料やポスト、園内での分掌など、長の意向が色濃く反映されます。保育者側にすると、その際に公平公正さを欠いている、平たく言えば、えこひいきがあると感じると、一気にやる気を失います。卒業した学生の不満にも、長から自分への扱いが他と違うといったものが多くあるようです。組織の長も生身の人間ですので、このようなえこひいきをどうしても感じることがありますが、同じように感じているのはきっとあなただけではありません。

3つ目は、キャリア形成を助けてくれる上司です。私は、組織のこと以上に、個のキャリアについて親身になって相談に乗ってくれる上司に多く出会うことができました。園の利益を優先させ、個の事情を聞くことがで

きないケースも多いと思いますが、可能な範囲で、本音で部下の将来のことを考えてもらえると、部下もやる気に満ちてきます。皆さんも、そんな長に出会えるといいですね。

　4つ目は、健康に明るく仕事をさせてくれる上司です。私は、部下の健康が第一だと考えてきました。部下が病気休職とならないように、常に気を遣っていました。何より、皆が一つにまとまる仲のよい職場であれば、楽しく仕事ができます。そんな職場であれば、子どもたちの笑顔や成長から、保育者自身が元気をもらうことができます。

　皆さんの上司にあたる園長先生には、保育者のために体を張っていただき、その意を感じた保育者は、仕事に誠心誠意、本気で向かっていただきたいと思います。

チーム園で働く心構え
①転んでも立ち上がる

　今、私の勤めている大学では、卒業を控えた学生たちの就職活動が大詰めに入っています。全員が希望の園に就職していきます。ただ毎年、就職後に方向修正をせざるを得ないことも起こってきます。そんなときのためにお伝えしたいことが次のことです。

　私が何回も何回も読んでいる本を紹介します。大実業家の松下幸之助さんの弟子、後藤清一さんの『こけたら立ちなはれ』（PHP文庫）という本です。後藤さんは、三洋電機の副社長にまでなった人です。この本では、「失敗したところでやめるから失敗になる。成功するまで続けたらそれは成功になる」「人は何度やりそこなっても、もういっぺんの勇気を失わなければ必ず物になる」と言っています。

　これからの人生には必ず苦しくて厳しい時期が訪れます。私も、何回も何回もこけてきました。ズタズタになって、夜も眠れないこともありました。そんなとき、この本を読んで元気をもらってきました。皆さんにも、明るく前を向いて進んでいってほしいと願っています。

②「絶対に成功しない人の４つの条件」

　ある経営者に、人生で一番大切なものは何かと尋ねたところ、その人は「それは自分にもわからないが、こういう人は絶対に成功しないという条件はある」と答えられ、次の４項目を挙げられたそうです。

　１つは言われたことしかしない人、２つは楽をして仕事をしようとする人、３つは続かないという性格を直さない人、そして４つはすぐに不貞腐れる人だそうです。

　この話は、毎年授業のなかで実習前の学生に繰り返し伝えています。つい先日も、授業中に居眠りをしていた、私のゼミに所属している学生に伝えたばかりです。これらは、チーム園で仕事をしていく上で欠かせないことです。学生には、気を利かせて「すぐ動く」ことを意識してもらうよう、意図的に接しています。参考にしていただけるとありがたいです。

③先輩からの教え

　これは、小学校の校長先生をしていた大先輩から教えていただき、ずっと心に残っていることです。その先生のお父さまも小学校の先生だそうで、息子が小学校への初出勤という日の朝、普段は無口のお父さんがぽそっと言ったことだそうです。１つは、ほんの少しでいいので早目に出勤すること。２つは、困っている子を大切にすること。３つは、一人職を大切にするということです。

　これらも、実習に出かける前の学生に繰り返し伝えています。少し早目に出勤していると、その日の仕事に余裕をもって取り組んでいけます。思わぬところで、先輩から仕事のノウハウを聞くこともできます。私も、数々の教えを朝のこの時間に受けることが多くありました。それが、今は宝物となっています。

　困っている子を大切にすることは、私も教員生活42年間で、特に大切にしてきたことです。もちろん園のすべての子どもを大切にしていただきたいのですが、特に、さまざまな配慮が必要な子どもには愛情をもって接してほしいのです。

　一人職を大切にするという教えは、不思議に思われるかもしれません。しかし、私はこれも自然にやっていました。チーム園には欠かせないこと

だと思います。例えば、園には保育者は多くいます。でも、運転手さんや掃除の担当の方、調理師さんは、一人または少数ということが多いと思います。その方々と自然に会話を楽しんでいただきたいのです。そうすると、思わぬ発見と反省などが得られます。私は今大学の教員ですが、警備員さんや運転手さん、掃除関係のシルバーさんと親しくさせていただいています。学生は、その方々に利害関係がないこともあり、本音で色々なことをしゃべります。時には、「○○さんは、先生の授業は楽しいと言っていた」などの嬉しい情報も入ります。また、「○○さんは、今朝親と大喧嘩をしてきた」などの情報も入ります。学生理解には、欠かせないものとなっています。何より謙虚な気持ちが大切ですよね。

【参考図書】

文部科学省『生徒指導提要』2022年。

国立教育政策研究所教育課程研究センター『幼児期から児童期への教育』2017年。

社会福祉法人なでしこ会なでしこ保育園『保育ハンドブック3　保育園の仕事』大修館書店、2018年。

稲葉喜徳『ポケットいっぱいの宝物』世界通信、2012年。

東京教育研究所『子どもたちの健やかな学校生活のために』2013年。

東京書籍「子どもたちの健やかな学校生活のために」『教室の窓』Vol.66、2022年。

無藤隆『ここが変わった！3法令改訂（定）の要点とこれからの保育』チャイルド本社、2017年。

後藤清一『こけたら立ちなはれ』PHPパブリッシング、2009年。

致知出版社『致知』「特集『精神爽奮』」1999年2月号。

「問題」によってつながる保育の姿から

大橋　智[1]（東京未来大学）

子どもの姿を共有する

　私は巡回相談員として、幼稚園や保育園に出向き、子どもや保護者とのかかわりのなかで悩んだことについて相談にのることを専門にしています。巡回相談は、年に数回、園に伺うものなので、日ごろの悩みに寄り添うことはなかなか難しいのですが、年に数回だからこそ、子どもたちのちょっとずつの変化に気づくことができたり、違った視点から子どもたちの姿を見ることができたりします。

　私たちは「問題」に出会うと、どうしても今ある「問題」を少しでも軽減して、子どもが周囲と同じように過ごせるようにと考えてしまいがちです。しかし、多くの「問題」は、実は子ども自身が成長し発達しているからこそ、今生じているのです。「問題」がなくなることは、すなわち本人の成長や発達を元に戻してしまうことにもなりかねません。コミュニケーションが苦手なお子さんが、一人遊びしかしていなかったのに、お友達に関心が芽生えかかわりはじめた頃に、お友達を叩いてしまうなどの「トラブル」が生じることは実によくあることなのです。

　巡回相談でよく出会う悩みの一つに、保護者や学校との「連携」があります。私たちが見ている子どもの姿を保護者に受け入れてもらえないことで、保護者を否定的に捉え、つい責めてしまいたくなったりすることもあります。「ジョハリの窓」という考え方（図参照）がありますが、保育者として見ている子どもの姿と保護者が見ている姿は、すべて重なっているわけではありません。ともに考えるためには、まずは見えている姿を共有することが重要です。互いに子どもの姿を「多面的」に受け取り、共有できるように話し合うことができるとよいでしょう。

数年後の姿を想像する

　また学校との連携において重要なことは、子どものライフスパンに思いを馳せることです。日ごろの保育に夢中になると、ついつい「卒園までにできる限りのことをしなければ」と、保護者も保育者も焦ることがあります。しかし、私たちはそうした渦から少

1　（おおはし・とも）立教大学現代心理学部心理学研究科博士後期課程満期退学。市立教育相談室教育相談員、明星大学心理学部実習指導員を経て，東京未来大学こども心理学部こども心理学科心理専攻講師。公認心理師、臨床心理士。専門はコミュニティ心理学、応用行動分析。

し離れて、子どもたちの数年後を想像し、周囲の大人がどのようにかかわれば子どもがよりよく育ち伸びていくことができるか考えてみます。子どもや保護者への支援が卒園後も継続され、つながっていく姿を、園の職員みなで共有できるとよいでしょう。

　新しい問題に出会った時、ネガティブな出来事として思い悩むことがあるかもしれません。しかし、それは保育者として自分自身が成長し、別の視点を手に入れることが出来たからこそ見えている世界かもしれません。

ジョハリの窓（Johari window）

　ジョセフ・ルフトとハリー・インガムによって提唱された対人関係における自己の公開とコミュニケーションにかかわる考え方をまとめたモデル（図）である。

　他者との関係において自己像を４つの窓になぞらえ、①自分が知っている自己像と他者が知っている自己像が重なる「開放の窓」、②自分が知らず、他者が知っている「盲点の窓」、③自分が知っているが、他者は知らない「秘密の窓」、④自己にも他者にも知られていない「未知の窓」が自己像としてあると考える。

　他者とのコミュニケーションを円滑にするには、「開放の窓」を拡げる自己開示をすすめ、自分の気づきを拡げることをすすめるといった提案がなされている。

	自分が知っている自分	自分が知らない自分
他人が知っている自分	①「開放の窓」	②「盲点の窓」
他人が知らない自分	③「秘密の窓」	④「未知の窓」

第7章　連携──地域とともにあり、地域とともに歩む

久米　隼[1]

1. 古くて新しい課題である「地域との連携」

本章では、近年注目をされている「地域との連携」について「ボランティア」の視点から考えてみたいと思います。

早速ですが、保育・教育機関と地域との連携は近年はじまったことなのでしょうか。例えば、江戸時代には「寺子屋」と呼ばれる教育施設がありました。各地の村々に設置された寺子屋は、地域の私的な教育機関として、地域住民の手によって運営されていたと言われています。また、保育分野の近現代の動きを見ると、今でいう学童保育（放課後児童健全育成事業）はボランティアが子どもたちを見守る地域活動が原点とも言われています。

このように、よく考えてみると「地域との連携」は今にはじまったことではありません。むしろ「地域とともにある」ことは、「保育・教育の歩み」と重なるといっても過言ではないのではないでしょうか。何より保育所や幼稚園などといった保育・教育機関は、そもそも地域のなかに所在（立地）しています。毎日登園してくる子どもたちも、その多くは地域の子どもたちです（これも今にはじまったことではありません）。

このように、「地域との連携」は古くて新しい課題であると同時に、これからの保育・幼児教育をあらためて考えるうえでの重要なキーワードの一つともいえるでしょう。

さて、「地域との連携」を図る具体的な取り組みの一つに「ボランティア」があります。筆者は大学・短期大学や専門学校においてボランティアの活

1　（くめ・はやと）➡ p. 172

動支援に取り組んでいますが、ボランティア募集の情報は少なくありませんし、実際に地域住民や、学生などを中心に多くの活動希望者もいます。

　いっぽう、「ボランティア」は気軽にできる活動ではありますが、あまり安易に考えすぎてしまうと、双方にとって「来てもらってよかった」「活動できてよかった」と思えるような活動にはなりません。そこで本章では、「地域との連携」と「ボランティア」について取り上げます。まずは基本的な知識を確認しながら、事例なども交えて考えていきたいと思います。

2. 地域とのつながり

地域との連携はお互いを理解することから

　地域との連携を図るといっても、そんなに単純な話ではありません。「言うは易く行うは難し」という言葉もありますが、連携は「では明日からやりましょう」とはいきません。まずは保育者自身が地域を理解すること、そして地域に自らの園について理解いただくことが、最初の一歩となります。今回取り上げる「ボランティア」は、その最初の一歩にもなりうる活動です。

　保育所や幼稚園等にとって、地域の住民や学生をボランティアとして招き入れ、実際に保育の現場に入って活動してもらうことは、自らの園への理解を深めてもらう働きかけでもあります。その最大の特徴は、ボランティアとして園児や教職員と直接かかわることによって、紙面や見学等では得られない「実感を伴った理解」につながるという点にあります。「百聞は一見にしかず」ということわざがありますが、ボランティアとして活動することは体験的理解を通して記憶にも残りやすく、実際にかかわったことによる信頼性の高さも重なり、より具体的な理解を深めることにもつながります。

　しかし、園としては地域住民や学生をボランティアとして迎え入れるだけでは不十分です。これでは「園に来てもらうだけ」の一方通行になってしまいます。

地域とのつながりにおいて基盤となるのは「相互理解」です。理解は一方通行ではなく双方向でなければなりません。

　そのためには、保育者自身が地域を理解するために自ら地域に出向き、双方に顔の見える関係（双方向の関係）をつくっていくことも重要です。

　例えば、保育の場面では「園外保育」も有効です。園の子どもたちと地域に出かける「散歩」や「遠足」の他「ピクニック」でもよいでしょう。親・子ども・保育者・地域が互いに理解しあうことだけではなく、顔の見える関係づくりを意識することが具体的な連携にもつながっていくはずです。

地域との連携は園の信頼性と存在意義に直結する

　本書の執筆者の一人でもある藤田利久は、保育者養成を担う短期大学の学長の立場から、「地域からの信頼」こそが地域にある教育機関として重要であると指摘しています[2]。

　ここであらためて考えてみたいのですが、地域社会にある保育・教育機関の役割とは何でしょうか。「保育所保育指針」等でも、保育所の特性を生かした「地域の子育ての拠点」としての機能や、地域の保護者が頼ることができる「開かれた子育て支援拠点」としての役割についてふれられているように、地域における園には、親と子を支える機関としての重要な位置づけを担うことが求められるようになってきています。

　具体的な取り組みはそれぞれの地域や園にとって異なるため、ここでは画一的なものは記述できませんが、読者の皆さんが勤めている園やこれから就職する園が担うべき役割や機能について考えることが大切です。これは園長や主任の先生だけでなく、すべての教職員が考えていかねばなりませんし、地域との連携の大前提である「地域を理解する」ことに、すべての教職員が努めていかねばなりません。

2　藤田が学長を務める埼玉純真短期大学が発行する「令和4年度自己点検・評価報告書」（埼玉純真短期大学自己点検・評価委員会編集、2023年）では、総頁数80頁あまりの報告書全文を「地域」で語句検索したところ110回超の記述が確認できる。藤田の地域に対する思いも色濃く反映されていると思われる。

例えば、散歩や遠足などで地域に出かける他に、地域のおまつりに園児とともに参加をすることや、園の周辺等の清掃を行うクリーンアップ活動も、自ら地域に出向く活動の一つにあげられます。これらは、園長や主任の先生と相談しながら日常的な保育に取り入れることもできます。

　また、地域にある「関係機関」の理解を深め、連携を大切にしていくことも必要です。近隣の保育者養成校とのつながりはもちろんですが、卒園児が通っている小・中・高等学校をはじめ、地元商店なども含めた幅広い機関とつながりを求め、「自ら地域に出向く姿勢」が求められていきます。

　園は地域密着型であるからこそ、「地域に愛され、地域に貢献できる」ことが必要であり、ひいては保育・教育機関の「存在意義」にも直結するということを忘れてはなりません。

保育施設の反対運動はどこにでも起こりうる

　待機児童問題などもあり、保育所の整備は社会的な課題の解決として歓迎されるかと思いきや、園の開設を巡って地域社会から反対の声があがることもあります。

　少し前のデータになってしまいますが、2010年〜2016年の全国3紙の新聞調査において、園（保育施設）開設を巡り地域社会から反対の声があった事例が133件あったという調査結果[3]もあります（後藤・小泉・近藤 2019）。

　これは新設園だけの問題ではありません。既存園だとしても、地域から理解が十分に得られておらず関係づくりが不十分な園は、存在意義が問われるのみならず、地域に存在（立地）することすら難しくなることを示唆しています。

　後藤・小泉・近藤（2019）は、「地域社会と保育施設の良好な関係は、子どもが社会の一員として健やかに成長していくためにも重要である」と

3　後藤智香子、小泉秀樹、近藤早映「保育施設の開設反対事例の全国実態と課題　20自治体の自治体インタビュー調査を中心に」『住総研研究論文集・実践研究報告集』45: 71-82頁、2019年。

指摘したうえで、「子どもの育成環境の確保や充実について、地域の多様な主体と相互理解が形成され連携的な活動が行われ、子ども・保育者・保護者・地域がともに育ち合う」ことが求められていると述べています[4]。

　2023年には、はじめは地域住民の要望で設置された公園が、その後地域とのコミュニケーション不足等もあって「子どもの声がうるさい」などといった反対の声によって廃止となった事例が、報道等によって全国的に話題となりました。

　その地域に立地する園であったとしても、地域との関係が築かれることがなければ、単なる施設設置（ハード）にすぎず、真の意味で地域にあるとはいえません。

　地域に根ざした園とは、「地域とともにあり、地域とともに歩む」こと。そのためには、ソフト面でも地域住民や地域の関係機関と子ども・保育者・保護者がつながることが必要なのではないでしょうか。

地域を巻き込んだ保育

　園は、子どもの成長を支える環境づくり考えるにあたり、施設内のことだけを考えればよいのでしょうか。たしかに、園施設は保育・教育を行う環境の基盤としてしっかりと整える必要がありますが、それだけでは不十分です。

　深刻化する待機児童対策の一環として、国や自治体によって園庭をもたない保育所の開設が認められる場合もあり、特に都市部を中心に、園庭をもたない園や、園庭が狭い園が増えてきています。

　こうしたなか、近年では「まち保育」という考えが広まりつつあります。まち保育とは、「まちにあるさまざまな資源を保育に活用し、まちでの出会いをどんどんつないで関係性を広げていくこと、そして、子どもを囲い込まず、場や機会を開き、身近な地域社会と一緒になって、まちで子ども

4　後藤智香子、小泉秀樹、近藤早映「保育施設の開設反対事例の全国実態と課題　20自治体の自治体インタビュー調査を中心に」『住総研研究論文集・実践研究報告集』45: 71-82頁、2019年。

が育っていく土壌づくりをすること」（三輪・尾木 2017：28）であり、地域を巻き込んだ保育を指します。

地域を巻き込んだ保育を実施するには、これまで述べてきたように、地域を理解し、地域に理解され、地域との丁寧な関係づくりに努め、そして連携できる体制を整えることが欠かせません。

遠足等の園外保育を行うのみならず、地域との連携のなかでまち全体をフィールドにして子どもの育ちを支えていく、「地域で育む」ための環境をつくることを、保育者自身が役割として認識することが必要です。子どもは園のみで育つのではなく、園も含めた「地域で育つ」のだという視点を常にもつことが、これからの保育者に求められているのではないでしょうか。

3. ボランティアとは何か

ボランティアの3つのキーワード

ボランティアについて具体的に考えていくにあたり、「ボランティアとは何か」という最も重要な点から考えていくことにします。

ボランティアには画一的な定義がなく、今も実践者や専門家のなかで議論が交わされていますが、そのなかでも「自発性」「無償性」「利他性」の3つは欠かせないキーワードです。どれか1つが当てはまればよいというわけではなく、この3つすべてを満たしたものがボランティアだといわれています。

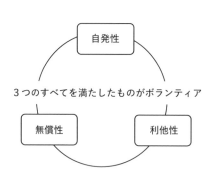

ボランティアの3つのポイントの関係
（久米 2021: 12 を参考に筆者作成）

①自発性

ボランティアは活動者自身の意思が尊重される活動です。誰かに指示を受けたり強制された

りするものでもなければ、課せられる活動でもありません。わかりやすく言うならば、「自らが活動したいと思う」気持ちのことです。

　また、「やってみたい！」「活動したい！」と思ったきっかけや理由は問われません。「友達に誘われたから」「保育を学んでいるので経験を積みたいから」という理由でもよいでしょう。

　ここで事例を1つ紹介します。

:::
事例1
　保育者養成校に通っているBさん。卒業年次となり、就職活動をするため自宅周辺の地域にある保育所・幼稚園や児童養護施設等の見学を重ね、自分自身が働きたいなと思う候補がいくつか決まってきた。ある園の求人情報を見ると、「書類選考通過後、最低3回ボランティアで活動することが必須条件」と書かれていたため、書類選考が通過した後、園の指示によりボランティアとして活動を行うこととなった。
:::

　この事例についての詳細な解説はあえて避けますが、ボランティアに明確な定義がないように、「正解」もありません。読者一人ひとりが「これはボランティアといえるか」を考えてみていただければと思います。

　活動者の意思を大切にするという点は、活動をする側と受け入れる側、双方が理解しておきたいものです。

②無償性

　無償性は、3つのキーワードのなかでもっともボランティアをイメージしやすく、また象徴的でわかりやすいこともあって、重視されることかもしれません。

　ここでいう無償性とは、「経済的な報酬（見返り）を求めない」ということです。経済的な報酬（見返り）を求める活動の代表例として、アルバイトがあります。アルバイトでは、働く先と本人との間で雇用契約を交わし、決められた時間に労働力を提供するかわりに、「1時間あたり◯◯◯円」として（いわゆる時給）、自身の労働に対する見返りとしての「賃金」や「報

酬」を受けることを前提とした活動です。

　いっぽうボランティアにはそれがありません。しかし、一切の見返りを求めてはいけないというわけではありません。例えば、新たな友人ができるなどといった交友関係（ネットワーク）の広がりや、普段の生活では得がたい経験などといった、ボランティアとして活動しなければ得られないこともあります。これからボランティアとして活動する人は、アルバイトに「賃金を得る」という目的があるように、ボランティアとして「どういう目的で活動するか」をしっかりと考えてみてください。

　なお、ボランティアは金銭を受け取らない活動ではあるものの、時には「交通費」や「昼食代」として実費支給や相当額が支給されることもあります。ここで、無償性の言葉の通り「一切受け取らない」という選択肢にはあるでしょう。しかし「交通費」や「昼食代」など、実際に活動するなかで生ずる負担が軽減されることは、継続的な活動につながる側面もあるのではないかと思います。

　ボランティアを募集する園の担当者は、ボランティアの継続的な活動を支えることの重要性や、ボランティアの負担軽減にも目を向けてほしいと思います。また、ボランティアとして活動する人の目的や目標を把握し、「その思いをいかに達成させられるか」検討したうえで、ボランティアの活動内容を考えていただければと思います。

　ここでも事例をあげて考えてみましょう。

> 事例2
> 　Cさんは保育者をめざす学生である。夏休みのある日、地域のイベントがあると知り、キッズコーナーのボランティアとして活動することになった。当日、受付では主催団体から弁当とユニフォームを受け取った。ユニフォームはとある著名なブランド製で数千円はするものだが、受け取り時に「返却は不要です。活動が終わったら持って帰っていただき、思い出の一つにしてくださいね」と説明を受けた。

この事例のように、活動に際して必要な物品や弁当が提供されることも少なくありません。「ユニフォーム」は活動上必要であるから支給されたのだと思いますし、お弁当も昼や夕方などの食事の時間を間に挟むことから、活動を行う上で必要であるという判断があったものだと思います。

　同様なケースとして「交通費」を考えてみましょう。自宅等から活動先までの交通費が支給されるボランティアでは、たしかに金銭を受け取ることになります。しかし、その金銭は活動者が自由に使えるものではなく、実際に公共交通機関等に支払った分やその相当額を補助されているにすぎません。

　ボランティアとして活動する理由として交通費や弁当の支給を挙げる人は多くはないと思います。

　正解はありませんので、事例をもとに「ボランティア」や「無償性」について考えていただきたいと思います。その際、ぜひ「何のために活動に参加するのか」という目的を考えつつ、無償性とは何かをぜひ考えてみてください。

③利他性

　ボランティアは活動者の意思が尊重される活動ですが、尊重されるのは活動者の意思「のみ」ではありません。ここでは、「自分ではない他者のために活動をする」という利他性がキーワードとなります。

　自分だけが「活動してよかった」というボランティアは、いわば自己満足です。ボランティアは必ず相手のいる活動です。他者（相手）のために何ができるのかを考え、それを行動に移すことも、ボランティアの特徴ともいえます。

　そのためには、相手が何を求めているのか（ニーズ）を適切に把握することが大切です。具体的には、相手のおかれている状況や、ボランティアを募集している背景を活動者自身が認識し、どのような活動ができるのか考えてみることが必要です。

　そして、活動前には必ず活動先と打ち合わせを行い、双方で意見や活動内容のすりあわせを丁寧に行うことで、「ミスマッチ」を生じさせないこ

とが大切です。

　ここでも事例をもとに考えてみましょう。

事例3

　地域の保育所でボランティアがあり、保育学生のDさんは自ら応募した。事前の説明会では「服装は学校で使用しているジャージを着用してくださいね」と口頭で説明があった。しかし、その後説明をすっかり忘れてしまったうえ、事前に「禁止」と言われていたフードつきの服を着てボランティアへ行った。

　この場合どうすればよかったのか、学生の立場・受け入れ側の立場、両方から考えていただければと思います。

　ボランティアは「自発性」「無償性」「利他性」の3つのキーワードを大切にした活動ですが、決して「無責任」ではありません。むしろ、今回の事例のように対人支援を行う活動であれば、時に重い責任も生じます。持ち物や服装の指定は、何らかの理由があってのことでしょうから、園側は事前説明会や事前オリエンテーションでその理由も含めてしっかり伝える必要があります。そして、活動者自身も、園の説明でわからないことがあれば質問するなど、丁寧な確認をしたうえでボランティアに臨むことを心がけていただければと思います。

ボランティアは「お互い様」な活動

　ボランティアは活動者が受け入れ側に「何かをしてあげる」ような、一方的な関係ではありません。受け入れ側と活動者が対等な関係をつくることが望ましいと考えられています。わかりやすく表現するならば、ボランティアと受け入れ側が互いに助けあう、「お互い様」の関係こそ、めざすべきところなのかもしれません。

　ボランティアの活動者は、安価な労働力ではありません。受け入れる側には、ボランティアを労働力やその日限りのお手伝いさんではなく、目的

や目標に向かって一緒に取り組む仲間として受け入れてほしいと思います。

　イベントのボランティアならば、イベントを成功させるための「チーム」の一員です。もちろん、ボランティアは専門的な知識を有しているとは限りませんし、それ故にできることは限られるかもしれません。しかし、「自らやりたい！」という自発性のもと、自らの強い意思で参加しているからこそ、「本気」で向き合う姿勢があります。こうしたボランティアの強みは、「チーム」の一員として大きな力になることでしょう。

　受け入れ側は、事前に「ボランティアの活動を通してどういうことをしたいのか」を聞き取るなど、活動内容も一緒に考えていけるようにしてほしいと思います。そして、いくつかの活動内容を提示して、本人に選んでもらうのもよいと思います。また、特技などを活かしてもらう、あるいは学生ならば専攻分野を生かした内容に取り組んでもらうことも一つだと思います。

　残念ながら過去には、保育所での夏祭りボランティアに行った保育科の学生が終日「駐車場の誘導」という役割を与えられたケースや、スポーツの試合会場にボランティアとして行ったスポーツが得意な学生が、試合会場にある軽食販売コーナーでソーセージを終日焼いていたということもありました。

　もちろんそうした役割も必要ですが、時間ごとに配置を変えるといった工夫や、ボランティア自身の「主体性」や「なぜ活動に参加しようと思ったのか」といった思いや目的も考慮して活動内容を話し合いながら決めていくことが望ましいでしょう。

　また、ボランティアの活動者に対して過度な責任や負担を強いないよう、本来職員が担うべき役割を割り振らない配慮をすることも心がけていただきたいと思います。

　園でのボランティアの場合、ボランティア活動を経ての「やってよかった！」「また活動したい！」といった声は、その活動が園の理解につながった証です。園の地域住民や学生への本気度や、地域とともにあり、地域とともに歩もうとする連携の姿勢は、実体験を伴うボランティアでこそ、確

実に伝わります。

　園でのボランティアについて、もう一つ。ボランティアを受け入れる際には、「ありがとう」という感謝の気持ちをボランティアの皆さんにしっかり伝えてほしいと思います。「口コミ」は、予想以上に広がります。特に、直接的に園とかかわったボランティアの声は、リアリティあふれるものとして広まっていきます。最近はSNS（Social Networking Service）の普及もあり、思わぬところまで広がりを見せます。その点も踏まえて、ぜひ地域との連携の一つとして、ボランティアの受け入れを進めて行っていただきたいと思います。

4. まとめ

　地域との連携について、その重要性と、ボランティアという直接的に地域とかかわることができる手法について、基本的なことを中心に考えてきました。

　2023年4月に施行したこども家庭庁が設置する「こども家庭審議会」会長も務めている秋田喜代美は、我が国が課題大国と呼ばれる状況を踏まえたうえで、「『保育の場である園』こそが地域で人を生き、育つ希望を生み出し、未来をつくり出す社会的イノベーションの拠点になる」と述べています（秋田 2016：2）。

　これからの園に求められることは、地域に所在（立地）して地域の子どもを園児として迎え入れることだけではありません。地域の子育ての拠点として、地域とともにあり、地域とともに歩む園が期待されています。そのことを踏まえた取り組みを続けていってほしいと思います。

　そして、形ばかりの連携ではなく、具体的で実効性を伴う「連携」が求められています。よくある「連携」の事例として、回覧板で園だよりを配布するというものがありますが、それでは実感が伴いませんし、具体的な理解にはつながらないでしょう。本章では地域との連携の有効的な手法の一つであるボランティアに着目しましたが、他にも多様な連携の方策があ

ります。それぞれの地域にあった連携の方法を模索しつつ、ぜひ「形だけの連携」ではなく「具体的な連携」をめざして取り組んでほしいと思います。それが、親と子、そして私たちが暮らす社会を変える（イノベーション）の力になることを信じて。

5. これからの学びにつなげて

保育者を志している皆さん
①ボランティアに参加しましょう

　保育者を志し保育者養成校で学んでおられる皆さんには、ぜひ大学等での学びに加えて、実践的に学ぶためにもボランティアに行かれることをおすすめしたいと思います。

　たしかに養成課程には「実習」もありますが、入学してから本格的に実習がスタートするまでの間に半年ほど要する大学等もあると思います。

　ぜひ早い段階から「ボランティア」として現場で活動し、そこでの学びを踏まえて、実習や将来の保育者に向けた学びにつなげていってほしいと思います。

　なお、ボランティアとして活動する際には、大学等が設置しているボランティア担当窓口へ事前に相談に行くなどして、適切なボランティア・コーディネートや事前指導を受けてから活動へ行かれることをおすすめします。トラブルの未然防止のみならず、活動をより有意義なものにすることにもつながります。

　また、せっかく活動をするならば「本気」で、そして「全力」で活動をしてみましょう。ほんきの保育を本気でめざすうえで、ボランティアは重要な学びを得ることができるはずです。

保育の現場で取り組まれている保育者の皆さん
①地域に足を運んでみてください

　保育者・幼児教育者として日々の保育業務に従事されている先生方には、

「地域への理解」をぜひお願いしたいと思います。

　いきなり大きなことをするわけではなく、まずは園児たちの通う地域に目を向けてみてください。例えば、親と子が生活する地域の公園はどんなところがあるのかな、買い物に行く商店街やスーパーマーケットはどんなところだろうか、卒園後に通う小学校はどこにあるのかな、など、自分自身の目で見て実際に訪ねるだけでも、地域を知ることにつながります。

　幼稚園の通園バスに同乗する先生は、園児たちと周りの風景をみながら、地域の話を聞いてみるのもよいと思います。子どもたちは「この公園はどんぐりがいっぱいとれるんだよ！」など、地域の色々な情報を教えてくれます。これもまた地域の理解の一助となるでしょう。

②ボランティアの受け入れは積極的に

　地域住民を自園のイベントに招待するのもよいのですが、「ボランティア」として一緒に園をつくっていく側にお誘いするのはいかがでしょうか。「地域に園がある」のではなく、「地域の園を一緒につくる」側に巻き込んでいくことも、地域との連携を進めていく上で鍵となります。

　地域には多様な住民がいらっしゃいます。普段の保育のなかにも地域からのボランティアを受け入れることもできます。達筆な方には子どもたちに文字の授業を、ピアノが得意な方には伴奏の協力をお願いするなど、活動者の趣味や特技、仕事を活かした活動もおすすめです。例えば、畑仕事や、農業を営んでいる方には「食育」に協力をいただくこともよいでしょう。活動者にとっても、自らの趣味や特技を発揮できる「活躍の場」になります。

　絵本の読み聞かせボランティアなどでは、地域にある図書館などが主体となった養成プログラムがありますが、どうしても子どもたちが園に通う時間帯は活動先が少なく、むしろ活動先を求めていることもあります。

　また、近隣の保育者養成校に声をかけて学生のボランティアを積極的に受け入れることも、他機関との連携であり、地域との連携の一つです。

③専門家・専門職への相談もできます

　ボランティアは誰にでもできそうだと思われがちですが、専門的なコー

ディネートには高度な技術やスキルが求められます。

　市区町村ごとにある社会福祉協議会では「ボランティアセンター」を設置しています。ここには専門のボランティア・コーディネーターと呼ばれる職員が配置されていることも多く、募集要項の作成についてなどのアドバイスを受けることができるでしょう。

　また、ボランティア関連の授業のある保育者養成校においてもボランティアの専門家が相談に応じてくれる可能性があるほか、学内に「大学ボランティアセンター」と呼ばれる、ボランティアを専門とする部署や機関が設置されていることもあります。そうした専門機関には専門職もいますので、アドバイスやボランティア・コーディネートをぜひ積極的に受けていただければと思います。

【たくさんの本から学びましょう】

地域との連携やボランティアに関する書籍は数多くありますが、そのなかでもわかりやすい書籍をいくつか紹介したいと思います（引用文献・参考文献含む）。

三輪律江、尾木まりほか『まち保育のススメ——おさんぽ・多世代交流・地域交流・防災・まちづくり』萌文社、2017 年。

西川正『あそびの生まれる場所——「お客様時代」の公共マネジメント』ころから、2017 年。

久米隼『これだけは理解しておきたいボランティアの基礎』日本橋出版、2021 年。

秋田喜代美・松本理寿輝・まちの保育園編著『私たちのまちの園になる——地域と共にある園をつくる』フレーベル館、2016 年。

小澤俊太郎[1]（埼玉純真短期大学）

見直される地域の重要性

2020 年に世界中で大流行した新型コロナウイルス感染症の拡大による人と人の接触機会の減少に伴い、地域との交流は自粛をせざるを得ない状況に陥りました。

それまでは、子どもたちがそれぞれ暮らしている地域のお祭りや行事に参加するなど、地域に暮らす人々同士が交流してきましたが、このような機会がなくなってしまったことで、子どもが、家庭やこども園・保育所・幼稚園などのコミュニティ以外で生活をすることが難しくなってしまいました。以前は当たり前になっていた地域の活動などがなくなってしまったことで、その重要性を再認識させられた方も多いのではないでしょうか。

今回取り上げる保育と地域連携には密接な関係があり、例えば保育所を運営するにおいても地域から理解され、支えられていることが大切ですし、基本的にはその地域の子どもを預かることになります。

運営するにあたり地域からの理解や支援が得られないと、地域の方から園に対する不満やクレームにつながってしまいます。そのような事態にならないためにも、いかに地域とともに歩んでいくのかが大切です。

地域を巻き込む課題解決

現在保育現場では、保育者不足の問題に加え、都市部では待機児童の問題を抱える一方で地方部などでは園によっては園児が集まらないなど、地域ごとに様々な課題を抱えている状況です。これらの状況をどのように解決していくのか、社会全体に問われています。

2018 年告示の「保育所保育指針」においては、「第 4 章　子育て支援」のなかで、「地域の保護者等に対する子育て支援」として地域との連携が扱われています。

そのなかでは、「地域の保護者等に対して、保育所保育の専門性を生かした子育て支援を積極的に行うよう努めること」[2]とされるなど、保育所における地域に対する支援が

1　（おざわ・しゅんたろう）日本大学大学院芸術学研究科博士前期課程音楽芸術専攻器楽（ピアノ）コース修了。修士（芸術学）。埼玉純真短期大学こども学科助教を経て、専任講師。同大学地域連携センター委員会（副委員長）。

2　厚生労働省『保育所保育指針解説』フレーベル館、2018 年、339 頁。

求められています。同指針においては、保育所が地域の子育て支援に対して積極的に参画することを中心に求めていますが、内容の一部で「協働」という言葉が使われている[3]ように、保育所が地域に介入するだけではなく、地域も保育所に介入することが大切です。

　例えば保育者不足という課題に対して、保育者として勤務している人が減少していますが、潜在保育士と呼ばれる保育士資格を取得しているが保育業務に従事していない人が多くいると言われています。潜在保育士を多く生み出している要因は様々ありますが、一つに保育者の業務の負担増が挙げられます。以前のように子どもを保育・教育することに加え、前述したように保護者をはじめとした地域の子育て支援など、求められる業務は増加傾向にあります。もちろん、保育所がその専門性を活かした支援を地域に対して行うことは大切ですが、すべて保育所が主導になってしまうと保育者への負担は増えてしまいます。

　そのため、地域の子育て支援に地域全体で取り組み、保育者のみならず地域に暮らす人々が子育てを支援していくことで、保育者だけに負担がかかることを避けることができます。

　今後、保育者をめざす皆さんだけが考える課題ではなく、地域を巻き込むことでいかにそこで暮らす人々と一緒に考えていけるかが、地域とよい関係を築くための秘訣となることでしょう。

3　前掲書、341 頁。

終章 「信頼される保育者」

藤田利久[1]

1. 幼児期の教育では人生の基礎を学ぶ

「信頼される保育者になろう。子どもからも、保護者からも、同僚からも、信頼される保育者に」と、学生や新任者に対して常に話しています。その理由は、「ヒトは人（教育）によって人となる」と言われるように、幼児期の子どもにとって保育所や幼稚園で巡りあう人やモノから、人生を左右するほどの大きな影響を受けるからです。保育者は子どもが家族以外で初めて長時間生活をともにする人ですから、なおさら重要と言えます。

　そのため保育者には、全面的に信頼を寄せる子どもたちに対して、図1にある通り、植物を育てるような気持ちで接してほしいと思います。ルソーの『エミール』第1篇では、「植物は栽培によってつくられ、人間は教育によってつくられる。……わたしたちはなにももたずに生まれる。わたしたちには助けが必要だ……生まれたときにわたしたちがもってなかったもので、大人になって必要となるものは、すべて教育によってあたえられる。この教育は自然か人間か事物によってあたえられる」[2]と述べられています。

　幼児期の重要さは「保育所保育指

図1　Family Circle 1995

1　（ふじた・としひさ）　➡ p. 172
2　ルソー『エミール』今野一雄訳、岩波文庫、2011 年、28-29 頁。

針」や「幼稚園教育要領」などにも述べられている他、保育教諭養成課程研究会の「幼児教育を担う教員に求められる資質・能力と研修モデル（試案）」では「幼児期の教育は生涯にわたる人格形成の基礎を培う重要なものであり、この時期に質の高い幼児教育が提供されることは極めて重要です」[3] と記載されています。一度、目を通してみてください。

また、"All I Ever Really Needed to Know I Learned in Kindergarten."（本当に知るべきことのほとんどを幼稚園で学びました）で始まるロバート・フルガムさんの Chicken Soup for the soul[4] のコラムにもある通り、人生における基本的な事柄を学んだ場所が幼稚園や保育所であったと、皆さんも感じていることでしょう。

乳幼児期における教育と、その教育を確実なものとするための子どもの環境（自然的、人的、物的、社会的など）はそれほど重要であると言えます。なかでも最も重要なのが、保育・教育を通して子どもたちと多くの時間をともにする、保育者という人的環境です。「蓬、麻の中に生ずれば、扶けずして直し（荀子）」と言われるように、子どもは自らが育つ環境がよいものであれば、環境が示した通りに育ちます。自然的・物的環境もさることながら、人的環境である保育者の役割は一番重要なものだと言えます。

『幼稚園教育百年史』によれば、日本で最初の幼稚園保姆であった豊田芙雄は「保育の栞」として、「幼稚園とは何ぞ、多くの幼き児女を集めて其の身の健康と幸福とを保ち而して良き慣習を興へて児女等をして最も娯みを得せしめんため懇切に導く所の『一つの楽しき園』なり。この園に集りたる児女は何れも三年より六年までのものにて、たとへば草木の将に萌芽を発せんとする期にして実に軟弱鍬葉の如きものなれば最もその発智に注意せざるべからず」と、述べています。また、「次に保姆の心得べき事どもを 25 条に分けて示さん」として、「保拇は気長く温和なるべし」など

3　保育教諭養成課程研究会「幼児教育を担う教員に求められる資質・能力と研修モデル（試案）」
　　令和 3 年 3 月　保養研 R2 成果物 mext.go.jp
4　Robert Fulghum（2001）*Chicken Soup for the soul*, Hearth Communication Inc., p. 174.

25 条にわたる保育者としての心得を挙げています[5]。

2. 信頼される保育者とは

子どもの命を預かる保育者

　それでは、この「信頼される保育者」とはどのような保育者を指すのでしょうか。

　はじめに、信頼できる人とはどのような人であるかを少し考えてみましょう。約束を守る、時間を守るなど、自分が相手に期待したことを確実に実行してくれる人などが思い浮かぶかもしれません。しかし、信頼はそのような行動だけに留まらず、その人の物の考え方、素養や教養の高さ、立ち居振る舞いなど、その人がもつ人間的側面全体を評価したものと考えられます。

　保護者にとって大切な存在である我が子を他人に預ける場合に、安心・安全の確保はもとより、人として信頼できる人に託したいと考えるのは当然です。したがって、子どもの命と子どもの一生を預かる保育者は、自身の人間性を高めなければなりません。人間性とは人間らしさのことで、人間として生きていくための基本的な事柄、たとえば相手に対しての思いやり、気遣いや愛情など、人間として生きるための基本的で、重要なものと言えるでしょう。人間性豊かな人は、だれに対しても TPO を心得た振る舞いができるので、周囲の人々からも信頼できる人だと思われます。信頼される保育者となるためにも、豊かな人間性を基盤に、保育・教育の専門的知識と技術をもって、子どもたちの保育に臨んでほしいものです。

豊かな人間性の基盤を

　保育者に求められるのは保育に関する専門的知識・技術はもちろんですが、それ以前によき社会人としての教養や良識、さらには人間性の豊かさ

5　文部省『幼稚園教育百年史』ひかりのくに、1979 年、55 頁、916 頁。

を核の部分に据えている必要があります。ここに義務教育機関の教員についての記述ですが、保育者にとっても同じことが言えるのではないかと、中教審答申「これからの社会と教員に求められる資質能力」[6]をご紹介します。ここには、「1. いつの時代にも求められる資質能力」「2. 今後特に求められる資質能力」「3. 得意分野を持つ個性豊かな教員」が挙げられています。このうち、「今後特に求められる資質能力」については、「地球的視野に立って行動するための資質能力（地球、国家、人間等に関する適切な理解、豊かな人間性、国際社会で必要とされる基本的資質能力）、変化の時代を生きる社会人に求められる資質能力（課題探求能力等に関わるもの、人間関係に関わるもの、社会の変化に適応するための知識及び技術）」として、

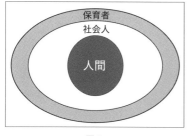

図2

豊かな人間性や変化する時代に生きる社会人に求められる知識及び技術の重要性が述べられています。

　さらに2005年の中教審答申「新しい時代の義務教育を創造する」[7]においては、今後、教員に求められる資質能力等について、「1. 教職に対する強い情熱」「2. 教育の専門家としての確かな力量」「3. 総合的な人間力」が掲げられています。総合的な人間力については、「豊かな人間性や社会性、常識と教養、礼儀作法をはじめ対人関係能力、コミュニケーション能力などの人格的資質、教職員全体と同僚として協力していくこと」とあります。

　この信頼できる保育者を卵にたとえると、図2のように、外側の殻が専門的知識や技術に裏づけられた保育者として保護者や子どもたちから見える部分、内側の白味にはこれを支える社会常識を備えたよき社会人の部分があり、さらに中心には核となる黄味の部分、知性や気品に裏づけられた

6　文部科学省ホームページ「これからの社会と教員に求められる資質能力」https://www.mext.go.jp/b_menu/shingi/chukyo/chukyo3/siryo/attach/1346376.htm
7　文部科学省ホームページ「新しい時代の義務教育を創造する」https://www.mext.go.jp/b_menu/shingi/chukyo/chukyo0/toushin/1212703.htm

人間性豊かなその人自身となるのです。

3. 信頼される保育者になるために

さりげない心遣いを

　信頼される保育者になるためには、子どもに対しても保護者に対しても、思いやりのある、誠意ある態度での対応がさりげなくできるかどうかが重要です。それはどのような保育者だろうかと学生に尋ねてみると、「笑顔で接する」「明るい挨拶をする」「ちょっとした声掛けをする」「丁寧な言葉遣いで話す」「ふさわしい服装や髪形を心がける」「きちんと相手の話を聴く」「連絡を密にする」「相手の気持ちを察する」など、コミュニケーションに関する項目が多くあがりました。たしかにその通りだと思います。

　私は授業に入る前、円滑なコミュニケーションの扉を開くのは挨拶だとして、次のようなことを心がけるよう話します。挨拶は「あ・いての目を見て」「い・つでもどこでも」「さ・きに自分から」「つ・いで一言」で。

　信頼される保育者は、相手へのさりげない心遣いができる人です。そして、コミュニケーションの取り方は大変重要です。保護者や上司・同僚との円滑なコミュニケーションを図る際には、「話し上手は聴き上手」との言葉どおり、よい聴き手にならなければなりません。よい話し手になるためにも傾聴を心がけなければなりません。

　また、言語（verbal）だけでなく非言語（nonverbal）にも注意しながら、相手が語っていることの本当の意味を理解する必要があります。非言語とは、表情、身体の動き、態度、声のトーンや大きさ、テンポなどですが、これらを言葉と重ねることによって、相手の話の本当の意味がはっきりとします。この言語と非言語、双方からのメッセージを総合することで、相手の本当の気持ちに応じた会話と共感が生まれるのです。

話し上手／聴き上手になろう

　また、会話はすべて、基本的に「Yes」で受けてください。「No」で受

EAR
YOU
EYES
UNDIVIDED
ATTENTION
HEART

図3

けられると、話し手はそれ以上話す気持ちが萎えてしまうからです。特に相談事を聴く際などはできる限り「Yes」で受けて、難しい問題でもあっても「But」で寄り添って、色々と考えを出し合って解決策を導き出しましょう。

　図3は、"Looking Out /Looking ln[8]"に掲載されている「聴」の漢字です。この文字が、集中して相手の言葉に耳を傾け、相手を目でよく見て、心で受け止める聴き方を表すことを説明しています。いっぽう、『漢字源』[9]では、「言」という漢字は「物事をはっきりということ」、「信」という漢字は「人＋言」を表した文字で、「一度言ったことを押し通す行為」とあります。ですから、相手が何かを「言」っているときは、相手を見て一所懸命に聴くことが大切なのです。この集中して聴くことと話すことがキャッチボールとなり、円滑なコミュニケーションを作り上げることができるのです。

　子どもの頃、「なぜ耳は２つで口は１つなの？」「それは相手の言うことを、自分が話すことの２倍聴くことが大切だから」と教えられたことはありませんか？　保育者も保護者や子どもとの会話において、このように聴く姿勢を心がけなければなりません。その人が正しく本当のことを言うから、「信」じられる、信頼できるのですから。

　授業では、話すときは「EAST」を意識してくださいとも伝えます。EASTとは、「Eye Contact（目を見て）」「Action（近づいて）」「Smile（笑顔で）」「Talk（話す）」の頭文字で、子どもとでも、保護者とでも、同僚とでも、会話に入るときに心がけるべきことです。その際、相手を見ることや笑顔が大切なのは当然ですが、距離と間の取り方にも十分に注意しな

8　Ronald B. Adler, Neil Towne Holt, Rinehart & Winston (1981) *Looking Out /Looking ln*, Wadsworth Pub Co., p. 225.
9　藤堂明保ほか編著『漢字源』学研教育出版社、2010 年、1445 頁。

ければなりません。Ｅ・Ｔ・ホールの「パーソナルスペース[10]」を意識して、近づきすぎず、離れすぎず、そして「時と場合」に応じて、相手との距離を意識したコミュニケーションを心がけてください。

「間」の取り方が重要なのは、聴き手が「話に集中するのが難しい」「自分の価値観で判断する」「話を聞きながら他のことを考える」「聴いているふりで聞き逃す」「感情的な反発で内容を無視する」といった状態にあることが考えられるからです。聴き手が話の内容を理解するために頭のなかの整理をしたり、次の話に意識を向けられるようにすることも配慮の一つです。

　このように、円滑なコミュニケーションを図るには、お互いに相手の立場に立って物事を考えなければなりません。特に保育者と保護者の関係では、保育者は保護者の状況や要望をよく把握したうえで、円滑なコミュニケーションがとれるように心がけたいですね。

4. 子どもと接する

人的環境としての保育者

　ドロシー・Ｌ・ノルテの "Children Learn What They Live[11]" では、「子どもたちは励ましを受けていれば、自信をもつことを学びます」「子どもたちは褒められていれば、感謝することを学びます」「子どもたちは承認をうけていれば、自分自身を好きになることを学びます」など、18の言葉が紹介されています。これらは山本五十六の名言「やってみせ、言って聞かせて、させてみせ、褒めてやらねば、人は動かじ。話し合い、耳を傾け、承認し、任せてやらねば、人は育たず。やっている、姿を感謝で見守って、信頼せねば、人は実らず」にも通じますが、まさに幼児教育に当たる我々にとっても重要な言葉です。

10　エドワード・Ｔ・ホール『かくれた次元』日高敏隆・佐藤信行共訳、みすず書房、1970年。
11　Dorothy Nolte（2001）*Chicken Soup for the soul*, Hearth Communication Inc., p. 115.

最初に述べたように、子どもは自ら育っていくとは言っても、保護者や保育者などの人的環境によってその育ち方は異なります。そのため、保育者や保護者は子どもに対して、植物を育てる際に太陽の光や水などを適度に与えるように、優しく、時には厳しく、メリハリをつけて接していかなければなりません。その際には保育者と子どもとの信頼関係が築かれていることが重要となります。

子どもは保育者を見て育つ

　信頼関係を短時間で築くことは難しいかもしれませんが、人には返報性の心があります。誰かに親切にしてもらった際、こちらも親切で返さなければと思う心理です。きめ細かでさりげない心遣いのある行動が相手に伝われば、子どもにも保護者にも信頼されるようになるでしょう。人（Person）は仮面（Persona）を被って、演技（Personate）を繰り返すことで、人格・個性（Personality）が作られると言われています。就職してからの皆さんは、幼稚園や保育所では保育者という「仮面」を被り、保育者としての「演技」を繰り返します。そのさりげない心遣いや行為も、最初はぎこちなくとも、それが3年、5年と経験を積むと、いつしか知らず知らずのうちにあなた自身の「人格・個性」となり、保護者や子どもたちから信頼される保育者となるということです。

　そのためには、3C（Chance/Challenge/Change）を常に心にとめて行動してほしいと思います。例えば、予期しない困難に遭遇したとします。その時にあなたは「困った。どうしようか」と悩むか、「しめた。変化するよい機会だ」と前向きに捉えるかのどちらかでしょう。そんなときは、「物事はやるか、やらないか、YesかNoのどちらかしかない。だったらやるか、Yesだ」と、自分を信じて行動をしてください。やらないで後悔するよりも、やっ

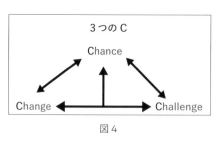

図4

て後悔したほうが、同じ後悔でも次への一歩となりますから。

エジソンの名言に、「失敗したわけではない。それを誤りだと言っては
いけない。勉強したのだと言いたまえ」「絶えず変化を求める気持ちと不
満こそが、進歩するために最初に必要となるものである」とありますが、
その通りだと思いませんか。失敗のない人生はないと考え、そして出来事
を好機と捉え、挑戦し、変化に向かって進んでいくことが保育者において
も大切です。

子どもたちも、そのようなあなたの姿から学んでいくことが多いでしょ
う。子どもの「学び」は「まねび」「まねる」ことです。『漢字源[12]』にお
いて「学」は、「子どもが先生から知恵を受け取る」こと、そして「習は
鳥が何度も羽を動かすこと」とあります。子どもは自身が主体となって年
長者の動きや考えを真似することで、学び、習うことを自分自身に取り込
んで、精神的にも肉体的にも成長していくのです。そのためにも保育者は
子どもたちのよい手本となり、サポート役とならなければなりません。

5. 現代は移り変わりが激しい

現代は、何が、いつ、どこで起きるかなどが予測不可能な時代（VUCA[13]
時代）と言われ、多くのものが次から次へと見る間に大きく変化し、その
スピードに追いつくのも困難な状況となっています。例えば、昨今の地球
温暖化に伴っていたるところで発生する自然災害、パンデミック、IT の
進化に伴う社会問題や戦争など、いずれもいつどこで起こっても不思議は
ない状況です。私たちもこれらを積極的に回避するだけの知識や技術、思
考力と行動力をもつためにも、先に述べた 3C を心がけて、自らも変化し
ていかなければなりません。

AI の進化やグローバル化がますます加速化するこれからの時代では、

12　藤堂明保ほか編著『漢字源』学研教育出版社、2010 年、406 頁。
13　ブーカ：Volatility（変動性）、Uncertainty（不確実性）、Complexity（複雑性）、Ambiguity
　　（曖昧性）の頭文字。

保育や教育もこれらの変化に対応していく必要があります。例えば、これまで以上に子どもの個性を重視すること、また、IT の活用やグローバル化に対応できるコミュニケーション能力の醸成などについて、将来を見据えた形で現場に導入することが求められています。そのため、保育者に求められる資質や能力においても、変化に対応できるだけの保育や教育の専門知識や技術の他、IT 活用技術やコミュニケーション能力が求められるのです。そして、このような時代だからこそ保育者の人間力の向上がいっそう求められることとなります。

　保育者は、職業キャリアステージに合わせて、時代のいかなる変化にも対応し、求められる知識や技術、人間としての教養などを自発的・積極的に採り入れる意欲と行動力をもち、保育者としても、人間としても、自らを高めていくよう努力をしなければならないでしょう。

　帝国ホテル社長の定保英弥氏は、ホテルの強みを見直すための、9 つの実行テーマについて述べています[14]。「最初の 3 つが『挨拶』『清潔』『身だしなみ』です。これは社会人の基本で、元気よく挨拶して、常に清潔を心がけ、身だしなみに気をつけることです。次の 3 つが『感謝』『気配り』『謙虚』です。…略…そして最後の 3 つが『知識』『創意』『挑戦』です。これは蓄積された知識を思う存分に活かして、色々な創意工夫をしながら挑戦していこうという、帝国ホテルスタッフの基本姿勢です」。

　これらはまさに、皆さんがめざしている保育者像にもそのまま当てはまるのではないでしょうか。これからの時代を生き抜くためにも、常に時代を先取りし、チャンスを掴むことができるだけの目を養い、そしてチャンスを掴んだならすぐさま行動に移せるよう、日頃から意識して、時代にあわせて自身も周囲も変えていく上向スパイラルの姿勢で保育に臨んでほしいと思います。このような保育者の考えや行動は、あなたの周りの未来を創る子どもたちにもよい影響を与えていくものと考えます。

14　定保英弥「帝国ホテル社長が白シャツしか着ない理由」『プレジデント』2018 年 6 月 4 日号。

6. 保育者としての心がけ（笑顔・素直・挑戦、そして感謝）

未来への扉を開く保育者へ

　保育・教育の仕事は本当に素晴らしいものだと感じます。子どもたちの未来を見つめ、期待し、成長を見守ることが常にできるのですから、こんな素敵な職業はなかなか他に見当たりません。もちろん、人の世の中ですから色々な困難や苦労はありますが、子どもの笑顔と成長を目の当たりにした瞬間、そのような苦労や困難は一瞬で吹き飛んでいきます。皆さんにも早く、そして何度も、この喜びを味わってほしいと望んでいます。

　保育者を志す皆さんは、子どもと接するのが好きである、子どもの成長をサポートしたい、保護者や社会の役に立ちたいなどの気持ちで溢れていることと思います。そのために何をしなければならないか、ということも十分に理解していることと思います。そうです。保育者は大好きな子どもには好かれ慕われ、保護者や地域の人々からは信頼と安心を寄せられ、上司や同僚からも期待されなくてはなりません。

　子どもに好かれ慕われるためには、心からの笑顔と優しい声で子どもに接する、子どもの発達段階を理解し、それに応じて平等に、子どものためにとの気持ちで接することなどが大切です。そのためには、子どもが好きであるとの気持ちを素直に表現できること、常に子ども第一で、自ら楽しんで保育の仕事に取り組むこと、ポジティブな考えをもつこと、心と身体の健康と安定を維持して保育に臨むことが大切です。

　また、保護者や地域の人々に信頼と安心を寄せられるためには、TPOに沿った身だしなみや言葉遣いに気をつけ、子どもの成長と安全第一の考えのもと、責任をもって保育にあたっていることが伝わる言動が大切です。特に保護者と良好な関係を築くためにも、気持ちのよい挨拶から始まる円滑なコミュニケーションを心がけましょう。また、会話においては保護者の話によく耳を傾け、ホウ・レン・ソウ（報告・連絡・相談）を必ず守り、積極的に保護者に話しかけることなどからも信頼関係を構築することがで

きます。

　そして、先輩や同僚からの期待に応えるためには、そうした周囲の人々からのアドバイスや注意には素直に対応し、自身の保育の質を高めようとすることが大切です。他人からの注意や忠告に対し、「ありがとうございます」と感謝の気持ちがもてるようになれば成長も早くなります。そのためにも、自らが理想とする見習うべき先輩保育者を見つけて学び、理想の保育者像を実現させてください。

　すべて、3C サイクルの挑戦で、あなた自身の未来への扉を開くことができると信じています。

ポジティブに

「人を育てる手伝いほどステキなものはない」と信じて、長年教育に取り組んできました。そして今、その通りだと感じています。人の未来への旅立ちのお手伝いができることほど、やりがいのある職業はそうはありません。

　皆さんはこれから、職業キャリアにおいては就職・異動・退職・転職など、また人生では、いろいろな変化に直面することと思います。しかし、悩むことはありません。むしろ、そのたびにポジティブに捉えて学びを深めてください。ちょうど旅をするように、目的地さえ間違えなければ、時には休み、予定外の場所に立ち寄ったり、回り道をしたりすることは、予想外のものと巡りあえることもできて思い出深い楽しいものになりますから。

あとがき　出会いを大切に、そして藤田先生へ

「ほんき」の執筆

　保育の世界にデビューした皆さん、そして保育者をめざす学生の皆さん。
『ほんきの保育を本気でめざす！──笑顔・素直・挑戦から生まれる「信
頼される保育者」』というタイトルで執筆した本書は、いかがでしたか。
最後まで読み進めていただきありがとうございます。

　本書を執筆するきっかけとなったのは、今回の執筆者であり埼玉純真短
期大学の同僚でもある３名（原口、久米、花島）が、保育という仕事につ
いて「ほんきで」話をしたことでした。

　子どもたちの命を預かる保育者になるにあたって、資格を取得して現場
に出た際、本当の意味で活躍するにはどうすればよいのか。私たちの議論
に共通していたのは、日々の授業にも現場での実習にも、そしてイベント
にも、本気で向き合うことの大切さでした。

　この話を同大学学長の藤田先生に伝えると、「信頼される保育者」にな
るためには、まさに保育に本気で向き合うことが必要だと私たち３名の考
えを後押しして下さいました。そして、これらのことを、学生や卒業生、
信頼される保育者をめざす方々にぜひ伝えていきたいと話が進み、それぞ
れの立場から「ほんき」を伝える執筆が始まりました。

　書き進めるうちに、保育という仕事の素晴らしさや大変さが整理され、
毎日子どもたちや保護者の皆さんとかかわり、日々を歩んでいる皆さんに、
「ほんきの保育」を本気でめざしてほしいと一層思うようになりました。

「人を育てる人」に求められるマネジメント力

　皆さんが日々過ごす保育という場は、いろいろな人とともに生活する場
です。どんなに小さい規模の保育施設でも、そこでは子どもたち、保護者、
保育者、地域住民、関係機関などさまざまな方たちがチームで生活してい
ます。年齢は違えども、皆それぞれがかけがえのない一人の人間として人

生を歩み、その進む道も何種類もあります。

　そんなチームの一員である保育者には、担当クラスをマネジメントする力が求められています。国語辞典によると、マネジメントとは「人・物・金・時間などの使用法を最善にし、うまく物事を運営すること。特にそのようにして企業を維持、発展させていくこと」と定義されています。クラス運営にマネジメントする力が必要なことは明らかではないでしょうか。

　それぞれのクラスをマネジメントしているクラス担任を、さらにマネジメントする立場である施設の長には、マネジメントのみならず、チームのトップとしてのリーダーシップが求められます。国語辞典によると、リーダーシップとは「1. 指導者としての地位・任務。指導者。2. 指導者としての素質・能力。統率力」と定義されています。マネジメントとリーダーシップ、言葉は同じようでも、求められるものには違いがあるとわかります。どちらも目的を達成するために必要な能力ではありますが、マネジメントは目的達成のための方法を考えたうえで実践し、その実践を管理することが求められるのに対し、リーダーシップはさらに組織のメンバーを適切に導くことが求められます。その際、リーダーにはマネジメント力も必要になってくるはずです。

　保育施設でともに歩むチームのメンバーには、お互いに思いやりを大切にしながら、一人ひとりの今を、そして未来を信じて、進んでほしいと願っています。

　私たちの師である藤田利久先生は、「人を育てる人」を育てる保育者養成のなかで学生・教職員・地域の皆さまを支え、共に歩むまさにトップリーダーです。本来であれば「あとがき」では執筆過程の感想などを述べるものですが、ここでは藤田利久先生を紹介し、まとめとさせていただきます。

すばらしき師、藤田利久先生へ

　2024年3月をもって、藤田先生は大学での勤務から離れることとなりました。藤田先生からは、本書の執筆者一同、そして多くの後輩が、信頼される教師としてだけではなく人としても、人生を歩むなかでどう自らを

高めていくのかなど、多くのことを学びました。教育学の知識や経験のみならず、藤田先生の閃きや柔軟な姿勢、周囲を巻き込む力は驚くべきものでした。

　この場をお借りして、私たちのすばらしき師である藤田先生に、心からの敬意を表し、メッセージを送りたいと思います。本書の執筆者以外に、藤田先生との出会いに大きな影響を受けたとされる、現在も深い交流をおもちの方々に寄稿いただきました。

藤田利久（ふじた・としひさ）経歴

1967 年　慶應義塾大学経済学部卒業

〜 1969 年　慶應義塾大学大学院社会学研究科教育学専攻修士課程修了（教育学修士）

〜 1974 年　大日本印刷株式会社（市ヶ谷事業部、人事部）

〜 1987 年　福島女子短期大学講師・助教授（教育原理・秘書概論ほか）

〜 1991 年　産業能率短期大学能率科助教授（秘書実務・ビジネス英語ほか）

〜 2007 年　川口短期大学経営実務科教授（秘書概論・プレゼンテーションほか）

〜現在　埼玉純真短期大学学長・こども学科教授（教育原理ほか）

【著書】

『グループワークで学ぶオフィス英語』（共著、西文社、2001 年）

『ワーク指導の実践事例 40』（共著、西文社、2007 年）

『信頼される保育者のためのコミュニケーションスキル』（共著、西文社、2016 年）ほか多数。

【論文等】

「効果的授業方法の試案—教育原理での取り組み—」（全国保育士協議会第46 回研究大会、2007 年）

「教育職を目指す学生にビジネス実務教育が重要」（秘書サービス接遇教育学会、2007 年）ほか多数。

【学会発表】

「効果的重合方法の試案・教育原理での取り組み」（全国保育士協議会、2007 年）

「実践的な秘書ビジネス実務経験を目指し——ヒューマンスキルを支えるマインドの教育」（秘書サービス接遇教育学会、2009 年）ほか多数。

藤田利久先生に感謝を込めて　花島慶子

　藤田先生との初めての顔あわせは羽田空港ターミナル。それまで一度も藤田先生にはお会いしたことがなかったため、大学のホームページ上で拝見した写真を頼りに待ちあわせ場所に到着しました。そこには一人の男性が待っていてくださったのですが、一目で、この方で間違いないと確信しました。私が尊敬するN保育園の理事長とお知りあいだという藤田先生が、福岡まで連れて行ってくださったときのことです。先生とはその日が初対面でしたから、N保育園の理事長と引きあわせていただいたところで別行動になるかと思いきや、なんと羽田空港に帰るまで行動をともにしてくださったのでした。

　学長としての藤田先生は、教職員に対しても「指導」という強い姿勢は

なく、あくまで日々の生活のなかで柔らかにそして穏やかに周囲を巻き込んでいく、そんな技をおもちでした。あえて技という言葉を使用するのは、社会情勢が盛り込まれ、また幅広い知識のちりばめられた多種多彩なトークと、そして海外でもご活躍されたからでしょうか、見事なブラックジョークまで飛び出す様を、常に目の当たりにしてきたからです。

　ある日、私が運転する車に藤田先生を乗せて走り出したときです。どちらの方向に進めばよいかを問うた私に、藤田先生は「右でも左でも好きな方に曲がっていいよ」とおっしゃいました。目が点になった私が「そう言われても……」と言うと、「道はどこまでも続いているから、どちらに曲がってもいつかは目的地に着くよ」とおっしゃったのでした。正直その時は困った方だなと思いましたが、藤田先生の人生を思うと、その言葉通りに歩むことは幸せに通じるのではないかと感じるようになりました。

藤田学長のサプライズ　鈴木一男（幸せのクローバー会代表）

　私は、加須市の自宅で四つ葉（白詰草）以上の多葉クローバーを栽培、「四つ葉で人とつながる、人につなげる」をテーマに活動をしています。セミナーやワークショップで人とつながり、子育て支援対策の一つであるフードパントリー事業等に人をつなげています。

　藤田学長との出会いは2018年1月、学長の知人を介し実現しました。学長にクローバーの活用を提案すると、卒業生に「四つ葉のクローバーカード」をプレゼントできないだろうかと。アイディアは膨らみます。①サプライズで渡そう。②担当教員が一人ひとりにメッセージを書こう。③謝恩会で担当教員から一人ひとりに手渡そう。こうして本番当日まで準備は極秘に進められました。

　謝恩会は、3月10日（土）、ラフレさいたま（さいたま市）にて開催されました。卒業生は128名、皆笑顔あふれ輝いています。誰にも知らされていなかったサプライズは、謝恩会の冒頭に行われました。担当教員から生徒一人ひとりにクローバーカードが手渡されると、会場内には一気に歓喜の声と感動が広がりました。見ている我々も目頭が熱くなります。藤田

学長のアイディアと実行力、教員・生徒との信頼関係の強さを感じた一日でした。

　藤田学長にこんな話を聞いたことがあります。過去には定員割れの厳しい時代もあったと聞く埼玉純真短期大学。今は誰もが素晴らしいと認める学校ですが、どのように復活されたのか、と。藤田学長が第四代学長に就任された2007年当時は、まさに定員割れが起き、大学の歴史において最も厳しい状況にあったようです。大学敷地内の草も伸び放題、膝程度まであったとのこと。藤田学長は着任後、2つの改革を徹底したそうです。①大学内外を綺麗にすること。②挨拶を徹底すること。こうして今では、誰もがそのすばらしさを認める人気校となりました。

　もちろん今でも藤田学長の指導力は健在で、大学に伺うと校内には明るい声での挨拶が響きわたり、整備された敷地内外には気持ちのよい空気が流れています。こうした心がけは民間も同じ。私にとって、これからの最重要活動指針となっています。

人を幸せにするで賞　上原典子（前埼玉純真短期大学事務局長）

「ありがとう」。私の周囲でこの言葉を最も多く発している人は、間違いなく藤田学長です。「ありがとう」だけではなく、誰よりも先の「おはよう」「ごめんね」、そして誰に対しても「お疲れ様」「大丈夫かい」「無理しなくていいよ」などの、人を労い、和ませ、そして何とも癒される言葉の数々。「言葉は、人を幸せにする魔法」。藤田学長の発するひと言ひと言を耳にする度に、そう感じていました。もし【人を幸せにするで賞】が存在していて、藤田学長をノミネートすれば、確実に優勝されるだろうと思っています。

　人を幸せにできる人、人を幸せに導ける人、人を笑顔にできる人、生きる勇気をもたせてくれる人！　そして、人を愛する人。これが私の知っている藤田学長です。

　藤田学長のそばで勉強をさせてもらえた数年間。もちろん業務上のことで御教示いただいたことは数知れず、藤田学長の日々の言動には衝撃に近

いほどの影響を受けてきました。藤田学長との出会いは私の人生を大きく変えました。人生のなかで最も影響を受けた人物であり、最も尊敬する人物です。

学長先生の「本気」に勇気づけられて　原口政明

「ごきげんよう」と笑顔でやさしく語りかける学長先生、その周りに集まる学生たち。いつもの光景です。学長先生の下でお世話になって4年、多くの学びを得ました。特に今年度は「教育原理」の授業でご一緒させていただき、教育の本質にふれさせていただきました。

　学長先生はすべての学生を愛していらっしゃいます。常に「学生にとって」が口癖です。心から学生を愛でるその思いは、学生の心に染み入ります。まるで我が子のように学生に接する学長先生の姿は、学校にホワーッとした雰囲気を醸し出させます。純真には学長先生のさわやかな風が吹いています。

　学長先生には嘘がありません。常に学生のみならず、教職員にも本音で接していただけます。いつも言っていただけるのは、「先生の思うようにやればいいと思います。前に進んでみてください」という応援歌です。学生も当然、勇気づけられます。純真を、学生を、一歩先に導いてくれます。「教育原理」の授業では、学生の悩み相談会が始まります。「学長先生の今日のネクタイのテーマは何ですか」「どうすればボーイフレンドができますか」「実習が心配なのですが」など、質問が絶えません。学長先生は、「そうなんだね」と学生と気持ちが一緒になります。クラスの学生全員が、学長先生を見つめてうなずきながら一言一言に集中しています。純真に学長先生がいるので、安心して過ごせます。

　私は本書で、学長先生をイメージして筆を進めました。42年間の教員生活では学長先生のように子どもに接したかったのですが、いまだに未熟者です。これからも学長先生を手本に、子どもたちに接してまいります。ありがとうございました。

本気の「学者」　久米　隼

　藤田利久先生と埼玉純真短期大学でご一緒させていただいた2年間、先生にさまざまなことを教わりました。

　研究者として駆け出しの私が一番に教わったのは、「学問に向き合う姿勢」です。先生は学生たちと接するときなど、どんなときでも明るく周りを和ませてくださいますが、「学問」と「教育」に全力で向き合う際には、(意識されていたかわかりませんが) 普段は決して見せない本気さが伝わる表情と眼差しで、まっすぐに向き合うお姿がありました。

　先生の、「学問のための学問」ではなく「世のため、人のため、社会のために学問はある」という学者たる者の社会的な役割への意識、そして「前例に囚われることのない思考と行動」を促され、自らが先頭を切っておられるお姿が、特に印象に残っています。先生はその本気な背中をあえて見せるかのように、私を育ててくださいました。

　思い出は語り尽くせぬほどありますが、2年制の短期大学で、学生と同じ様に2年間をじっくりと学ばせていただきましたこと、あらためて御礼を申し上げるとともに、先生から教わったことを活かせるよう努めていく所存です。

　半世紀にわたるご功績に心より敬意を表するとともに、生涯現役の、本気の「学者」として、これからも活躍されることと思います。どうかこれからもご指導を賜りたくお願いします。ありがとうございました。

最後に

「藤田ファン」の方々からのメッセージを紹介いたしました。藤田先生と話す機会を一度でも得た方は「藤田ファン」となります。そして、その方の引き出しにしまわれた先生とのエピソードの蓄積は、自らを高める糧になっていきます。藤田先生と出会って、人脈の広さというものは年齢に比例するのではなく、人となりに比例するのではないかと思うようになりました。未来を担う保育者の皆さんにも、出会いは自らの人生を大きく変化させ、大きな成長に導いてくれることをお伝えしたいと思います。皆さん

が出会いを大切に、保育者として輝き続けていくことを祈っています。

　最後に、本書の出版にあたり、なかなか進まない執筆に諦めることなく、根気強く後押ししてくださった花伝社編集部の大澤茉実さんに、心より感謝申し上げます。

著者を代表して　花島慶子

[編著者]

久米 隼（くめ・はやと）

埼玉純真短期大学こども学科専任講師。専攻は社会福祉学、非営利活動論（NPO、ボランティア等）。立教大学大学院博士課程前期課程修了（Master of Business Administration in Social Design Studies.）。大学院在学中から行政施策事業に取り組み、実践研究のため特定非営利活動（NPO）法人の専従職員（管理職）等として非営利組織の運営に携わる。その後、大学附属機関専門職（専任）、講師や指導補助（非常勤）等を経て、現職。社会的活動として和光市教育委員会社会教育委員会（議長）や、認定特定非営利活動法人児童虐待防止全国ネットワーク（理事）、特定非営利活動法人日本冒険遊び場づくり協会（理事）等にも取り組む。著書に『これだけは理解しておきたいボランティアの基礎』（単著、日本橋出版、2021）や『モヤモヤのボランティア学：私・他者・社会の交差点に立つアクティブラーニング』（共著、昭和堂、2023）などがある。

藤田利久（ふじた・としひさ）

埼玉純真短期大学学長・こども学科教授。専門は教育学。慶應義塾大学大学院社会学研究科教育学専攻修士課程修了。大日本印刷株式会社、福島女子短期大学（現：福島学院大学）講師・助教授、産業能率短期大学助教授、川口短期大学教授を経て、2007年より現職。主に教育原理・保育者のための社会人基礎講座等の授業を担当。社会的活動として、埼玉県私立短期大学協会（副会長）や、実務技能検定協会（理事）、羽生市の委員会メンバーなどとして活動。著書に『グループワークで学ぶオフィス英語』（共著、西文社、2001）、『ワーク指導の実践事例40』（共著、西文社、2007）、『信頼される保育者のためのコミュニケーションスキル』（共著、西文社、2016）など。学会発表には『教育職を目指す学生にビジネス実務教育が重要』（2007、秘書サービス接遇教育学会）、『効果的授業方法の試案―教育原理での取り組み―』（2007、全国保育士協議会第46回研究大会）などがある。

[著者]

花島慶子（はなしま・けいこ）

埼玉純真短期大学こども学科准教授。1958年千葉県生まれ。専門は保育学、児童学。主な担当科目は「子どもと環境」、「教育実習指導」。聖徳大学大学院児童学研究科博士前期課程修了。幼稚園教諭、東京都北区児童館・学童クラブ支援員、私立保育園園長、大原学園保育専門課程教員、社会福祉法人保育園園長を経て、2021年より現職。東京都保育士等キャリアアップ講習会、東京都社会福祉協議会主催保育士就職支援セミナー、社会福祉法人保育園等での講師、埼玉県保育研究大会助言者を務める。主な著書に『新・保育内容「環境」』（共著、教育情報出版、2023）、学術論文に「レッジョ・エミリア方式を用いた保育実践における協同性」『児童学研究――聖徳大学児童学研究所紀要』（単著、聖徳大学児童学研究所、2015）。

原口政明（はらぐち・まさあき）

埼玉純真短期大学こども学科准教授。1959年埼玉県生まれ。専門は教育相談、特別支援教育、生徒指導。東京都立大学理学部化学科卒業、筑波大学大学院人間総合科学研究科生涯発達専攻修了、公立特別支援学校、中学校教諭・校長、県・市指導主事を経て、2020年より現職。修士（リハビリテーション）、資格は公認心理師、中・高・特別支援学校教員免許。埼玉県巡回相談員、市巡回相談員、筑波大学心理・発達相談室相談研修員、市いじめ問題調査審議委員会委員など歴任。表彰規定による知事表彰（教育功労）受賞。主な著書に『教師のための学校カウンセリング』（共著、有斐閣アルマ、2021）、『ポケットいっぱいの宝物』（世界通信、2012）。

[カバー／本文中イラスト]
あおいちゃん・たまみちゃん・しょうくん・なぎちゃん
ステキなイラストを描いてくださりありがとうございました。

ほんきの保育を本気でめざす！——笑顔・素直・挑戦から生まれる「信頼される保育者」

2024年3月25日　　初版第1刷発行

編著者——久米　隼／藤田利久
発行者——平田　勝
発行———花伝社
発売———共栄書房
〒101-0065　東京都千代田区西神田2-5-11出版輸送ビル2F
電話　　　03-3263-3813
FAX　　　03-3239-8272
E-mail　　info@kadensha.net
URL　　　https://www.kadensha.net
振替　　　00140-6-59661
装丁——北田雄一郎
印刷・製本—中央精版印刷株式会社

ISBN978-4-7634-2107-4 C3037